브니엘과 함께 하는 성극여행(Ⅰ)
선교극단 브니엘 성극 창작집

정병호 지음

브니엘과 함께 하는 성극여행(Ⅰ)

작가의 글

:
:
:

저는 성극 작가보다는 연출가에 가깝습니다.

선교극단 브니엘을 1990년에 창단한 후 좋은 성극 작품이 부족하였기에 스스로 성극대본을 창작하게 되었습니다.

희곡이란 공연을 전제로 쓰여지는 문학작품입니다. 그래서 희곡은 문학성도 중요하지만 공연성과 함께 무대의 형상화가 전제되어야 합니다.

대본을 창작해서 공연을 하기까지의 과정이 대략 1년 정도 소요됩니다. 87년에 첫 작품을 쓰기 시작해서 현재까지 10편만을 완성하였습니다.

그 중에서 7편을 선정하여 이번에 한 권의 책으로 엮었습니다.

이 성극집의 특징은 작품을 발표하기 위한 창작이 아니라 공연을 목적으로 쓰여졌다는 것입니다. 그래서 수회 또는 수십회의 공연을 거치면서 수정하고 보완한 작품입니다.

활자화된 글로 읽기에는 다소 낯설고 미진한 부분이 있겠지만 실제로 무대화 되었을 때 관객에게 은혜와 감동을 주리라 확신합니다.

그 이유는 수년간 공연을 통해서 관객들과 교인들에게 검증을 받았기 때문입니다.

성극 작가들이 성극집을 출판하면서 천편일률적으로 하는 말이 좋은 성극대본이 부족하다는 것과 기독교 문화 가운데 성극의 환경이 척박하다는 것입니다. 그런데 그 말이 사실입니다.

그러나 저는 다른 시각에서 접근하고자 합니다. 그렇게 말하고 발표된 작품들이 과연 얼마나 연극적 깊이를 지니고 있으며 연극의 구조를 이해했느냐 하는 시각입니다.

물론 모든 성극대본이 그렇다는 말은 아닙니다. 성극을 극의 형태를 통한 하나님 말씀의 전달 도구로만 인식하다 보니 본래의 연극 구조나 깊이를 등한시 하지는 않았나 하는 생각입니다.

그렇다면 굳이 연극형식을 빌려서 하나님 말씀을 전할 필요가 있겠습니까?

성극(聖劇)의 '聖'字가 '거룩한 성' 자이기에 이 의식이 우리를 우물에 가두는 결과를 초래한 것은 아닌지 모르겠습니다.

성극이란 하나님의 말씀과 신앙인들의 아픔과 고백들을 연극의 구조로 녹여서 재창조 하는 연극과 신앙의 융화라고 봅니다.

연극이 관객을 지루하게 했다든지 산만하게 했다든지 은혜와 감동을 전달하지 못했다면 그 연극은 죽은 연극입니다.

성극도 마찬가지라고 생각합니다. 성극 공연을 인간관계 훈련이나 팀워크 훈련 정도로 생각해서 공연을 준비한 사람들만 무언가를 얻었고 은혜를 받았다면 분명히 문제가 있는 성극 공연입니다.

이제 성극도 보는 사람(관객) 위주로 제작되어야 합니다. 교회에서 공연하는 문학의 밤 성극도 마찬가지입니다. 성극이 공연되는 동안 무대의 배우와 객석의 관객이 때로는 같이 웃고, 때로는 같이 슬퍼하고 아파하면서 결국에는 무대와 객석 전체의 공간이 은혜 체험의 현장이 되어야만 합니다.

성극 공연을 통하여 여러분은 무엇을 얻기 원하십니까?

그 해답과 해답을 풀어나갈 능력이 여러분에게는 충분히 내재되어 있습니다. 그러므로 사회적 종교적 인습의 억압에서 탈출하기를 바랍니다.

이것은 수년간 크고 작은 공연을 현장에서 연출하면서 체험한 경험을 바탕으로 말씀드리는 것입니다.

각 교회마다 많은 인식의 변화가 있어서 교회를 신축할 때 소극장 역할도 겸할 수 있는 공간을 확보하는 경우가 많습니다.

앞으로는 공간의 제한성이나 스태프들의 역부족으로 성극 작품을 스스로 제한하고 묶어 두어서는 안되겠습니다.

저에게 소망이 있다면 하루빨리 동숭동 대학로에 성극공연과 가스펠 콘서트만을 공연하는 전용 소극장이 탄생하는 것입니다.

이 소망을 이루도록 최선을 다하겠습니다.

지난 9년간 부족한 작품을 연기하며 공연을 함께 한 공은자, 금미경 자매를 비롯한 브니엘 단원들에게 끝없는 감사와 사랑을 보냅니다.

이 성극집은 저 개인이 만든 것이 아닙니다. 기도와 사랑으로 뒷받침한 모든 브니엘 식구들의 땀과 눈물의 결정체입니다.

그리고 힘들고 어려움에 처해 있을 때마다 사랑과 우정으로 격려해준 안용민 집사에게 고마운 마음을 전합니다.

지난 10년간 성극을 공연하면서 스스로 많은 은혜와 주님의 사랑을 체험했고, 신앙적으로 좌절도 하고 아픔도 겪었습니다.

하지만 저의 변하지 않는 소망은 성극을 통해 관객에게는 은혜와 감동을, 하나님께는 찬양과 영광을 돌리는 것입니다.

부족한 작품들로 채워진 성극집이지만 이 작품들로 인해 많은 사람들이 은혜를 체험하고 하나님께 영광 돌리기를 간절히 기도합니다.

차 례

작가의 글/5

붉은 창(窓)/11

*연출에 대하여/41

어부(漁夫)/47

하늘에 비친 나리시소스/77

*성극대본 창작에 대하여/109

그날이 오면/113

내일 할래요/131

*연기의 주요과제에 대하여/147

버리시나이까?/153

시나브로/171

*선교극단 브니엘 연혁/217

붉은 창

▼
▼
▼
▼
▼
▼

"그가 찔림은 우리의 허물을 인함이요
그가 상함은 우리의 죄악을 인함이라
그가 징계를 받음으로 우리가 평화를 누리고
그가 채찍에 맞음으로 우리가 나음을 입었도다."

−이사야 53장 5, 6절−

■ **작품 해설**

　이 작품은 『마음을 열어주는 101가지 이야기』라는 책의 내용 중에서 '마음의 창'이라는 글을 읽고 소재를 얻었습니다.
　처음 이 글을 읽었을 때는 뒤통수를 얻어 맞는 듯한 충격이었습니다. 그러나 그 글은 연극의 소재로는 적합했지만 작품을 구성할 플롯은 없었습니다.
　창 밖의 세상을 어떻게 표현할 것인가? 창밖 세상과 신앙인의 관계를 어떻게 설정할 것인가? 플롯은 어떻게 구성할까? 연극의 형식은 무엇으로 할 것인가? 이런 고민 끝에 '붉은 창(窓)'은 완성되었습니다.
　저는 그동안 성극에서 시도되지 않았던 서스펜스 형식으로 극의 흐름을 주도했으며 필녀의 성격을 편집광적이고 피해의식이 가득한 여인으로 표현했습니다.
　그러나 필녀의 그런 광기가 비단 필녀만이 가지고 있는 것일까요?
　세상을 살아가면서 우리는 숱한 어려움과 좌절을 겪게 되고, 강도의 차이는 있겠지만 그녀와 비슷한 감정을 잠시나마 지니고 있을 수도 있습니다.
　그렇다면 찢겨진 필녀의 영혼은 어떻게 치료하고 구원할 수가 있을까요? 그것이 어떤 형태일는지는 모르지만 관심과 희생으로 가능할 것입니다.
　예수님이 타락하고 죄 많은 인간들을 위하여 화목제 어린양으로 희생하셨듯이 우리도 병든 영혼을 치유하기 위해선 희생이라는 대가를 치러야만 합니다.

　'붉은 창(窓)'은 두 인물에 의해서 극 전체가 주도되기 때문에 두 여인의 역을 맡은 배우의 연기력과 두 연기자의 호흡이 절대적으로 필요합니다.
　그리고 도입 부분과 클라이막스에 똑같은 장면이 나오는데 이 부분은 조명과 음향(북 소리, 나무망치 소리, 신음소리)을 담당한 스태프들의 많은 노력과 연습이 필요합니다.
　또한 극에서 대비되는 부분과 암시하는 것들이 많이 나옵니다.
　푸른 광선, 붉은 조명과 북 소리, 나무망치 소리 등은 그리스도와 적그리스도 간의 싸움으로 생각하십시오.
　은혜가 찬송가를 부르는 장면에서 북 소리는 귀귀하게 들리며 찬송을 방해하는 역할과 함께 결말을 암시하기도 합니다.
　그 밖에도 붉은색 스웨터나 십자가 형태의 링거주사병 걸이개가 의미하는 것, 그리고 대사마다 많은 암시와 복선들이 깔려 있으니 연출자는 철저하게 대본을 분석해야 합니다.
　이 작품은 98년 7월 12일날 첫 공연이 있었고, 98년 12월 25일부터 12월 28일까지 사랑의 전화 소극장에서 공연합니다.

붉은 창(窓)

. . . . . .

때 : 현재
장소 : 어느 종합병원 2인용 병실

등장인물
필녀
은혜
은혜남편
간호사

무대
작고 아담한 2인용 병실이다.
   침대 두 개가 놓여져 있다. 좌측 벽면에 작은 창문이 보인다.
   침대 하나는 우측 출입문 쪽에 있으며, 또 하나의 침대는 창문쪽에 놓여져 있다.
   침대 사이에는 조그만 탁자가 있고, 양쪽 침대 좌측 상단에 링거 주사병을 걸 수 있는 십자가 모양의 걸이개가 위치하고 있다.

어두움이 시작된다.

희미한 푸른 광선이 무대 하단에 떨어지면 먼 곳에서 북 소리가 들려온다. 북 소리는 작게 울리다가 심장을 터트리기라도 하듯이 폭풍처럼 밀려온다.

나무망치 소리가 장단을 맞추듯 북 장단 사이로 어우러져 들어온다.

그리고 신음소리. 그 신음소리는 고통에 겨워 짓는 소리는 아니다. 분명히 고통에 찬 소리이지만 세상의 모든 것들을 감싸안는 듯한 소리이다.

무대는 칙칙한 어두움에 휩싸이며 붉은 광선이 한 줄기 내려온다. 붉은 광선 사이로 필녀 등장한다.

필 녀 : 십자가는 노랑색이나 초록색이 아니고, 왜 붉은 색깔일까요? 십자가 색깔이 빨간색도 아닌 붉은 색이어야만 하는지에 대해 생각해 보신 적이 있습니까?

나는 오늘 여기 모인 여러분과 함께 붉은 십자가에 대하여 생각하고 고민해 보려고 합니다.

그러나, 이 자리에 서기까지 많은 갈등을 겪어야 했습니다. 여러분과 함께 고민하기 위해, 내가 겪었던 일을… 아니 좀 더 솔직하게 고백하자면(숨을 고른다.) 죄악된 행동으로 말미암아 나는 꼭 십자가는 붉은 색이어야 한다고 믿게 되었습니다.

당시에 나는 교통사고로 두 다리가 부러져 기브스를 한 채 몇달간 꼼짝없이 누워 있어야 했습니다.

지난 20년간 가슴 속에 감추고만 싶었던 이야기를 오늘 여러분께 보여드리겠습니다.

암전 가운데 북 소리가 심장 박동에 맞추어 울린다.
Dark Blue 조명이 들어온다.

은혜, 발작적으로 심한 기침을 한다.
필녀, 한번 쳐다본 후에 빨간색 털실로 뜨개질을 계속한다.
은혜, 기침이 심해지면서 호흡장애를 일으킨다.
필녀, 다시 쳐다본 후에도 무심하게 뜨개질을 한다.
은혜, 몸을 심하게 뒤틀며 경련을 일으킨다.
필녀, 다시 쳐다본 후 손을 들어 비상벨을 누른다. 그리고는 무표정하게 자신의 일에 열중한다.
잠시 후에 간호사가 황급히 뛰어 들어온다.
은혜를 진정시키려 애를 쓴다.
은혜의 거친 숨소리, 발악적인 기침소리, 가래 끓는 소리.
간호사가 은혜의 팔에 진정제 주사를 놓아준다. (사이)
필녀는 계속 뜨개질에만 몰입하고 있다.
은혜가 안정을 되찾아 숨을 고르게 쉬자 간호사 퇴장한다.
두 사람 사이에 어색한 침묵만이 흐른다.(사이)

은 혜 : (사이) (창 밖을 내다본다.)
　　　　별과 별 사이에는 수십억 광년의 거리만큼 떨어져 있는 것들도 있지만, 우리들 눈에는 그저 촘촘히 박혀있는 것처럼 보여요.
　　　　저 북극성 빛이 지구에 도착하려면 빛의 속도로 약 천 년이 걸리는데, 그러니까 오늘 보고 있는 저 북극성의 반짝이는 빛은 신라 말엽때 북극성에서 출발한 빛이겠지요.
　　　　빛이 물러나고 어둠이 깔려야만 광활한 우주의 신비로운 별들을 볼 수 있듯이.(필녀, 뜨개질을 멈추고 창문을 바라본 후에 거울을 들여다 본다.) 이렇게 몸이 아파 누워 있으니 조그만 창문을 통해 바라보는 창 밖의 세상이 얼마나 아름다운지 모르겠어요.
사람들은 꼭 어떤 계기가 있어야만 사물에 대하여 새롭게 인식하나 봐요.(사이)
(필녀에게) 아까는 고마웠어요.

필 녀 : (어눌하게) 뭘요. 할 일을 했을 뿐인데…

은 혜 : (사이)언니! 언니는 혼자 사세요? (필녀가 의아하게 바라보자) 왜요? (미소 지으며) 언니라고 해서 놀라셨어요? 저보다 나이 많으시잖아요. 입원카드를 우연히 보았어요.
저는 외동딸이라 언니가 없거든요. 그래서 언니 있는 친구들이 얼마나 부러웠다고요.

필 녀 : (말을 자르며) 아들이 하나 있었는데 얼마 전에 사고로 죽었어요.

은 혜 : 언니 미안해요. 그런 줄도 모르고 괜한 질문을 했네요. 얼마나 상심이 크셨어요.

필 녀 : 다 내 팔자려니 해요.
뒤로 자빠져도 코가 깨지는 게 이년의 팔자지요.

은 혜 : 무슨 말을…

필 녀 : 내 말이 너무 심하다고 여길지 모르지만 그건 나를 잘 모르니까 하는 소리예요.

은 혜 : (조심스럽게)남편은 없으세요? (필녀가 뜨개질을 멈추고

쳐다본다.) 그냥 별다른 뜻이 있어서가 아니라 병원 생활이 너무 삭막하잖아요.
이 병실엔 언니와 나밖에는 없는데…

필 녀 : (다시 뜨개질을 하며) 얼마 전에 죽은 아이의 아버지 되는 사람과 결혼도 못해보고 헤어졌어요.
그때 이미 뱃속에는 새 생명이 자라고 있었지만 그이 부모님은 모질게도 나를 산부인과에 데려가 아이를 지우라고 했지요.
그래서 난 도망쳐 혼자서 아이를 낳아 길렀어요.

은 혜 : (흥분해서) 도대체 결혼을 반대한 이유가 뭐예요? 아이까지 지우게 하면서.

필 녀 : 나는 고아였거든요.

은 혜 : (더욱 흥분해서) 말도 안돼요. 단지 고아라는 이유만으로 어떻게 그런 잔인한 일을 저지를 수 있어요. 정말 몰인정한 사람들이군요.

필 녀 : 그이는 좋은 가문의 3대 독자였어요.

은 혜 : (사이) 그 분을 아직도 사랑하세요?

필 녀 : 사랑, 참으로 오랜만에 들어보는 말이군요. 글쎄요. 사랑보다는 그리움이 커요. 그 그리움 속에는 나를 지켜주지 못한 원망과 한이 스며 있구요.

은 혜 : 아직도 사랑하고 계시는군요.
그분을 어떻게 만나셨는지 물어봐도 되나요?

필 녀 : (계속 뜨개질을 하며) 교회 청년회 모임에서 만났어요. 그이의 부모님은 교회 장로님이고 권사님이셨죠. 나는 당시에 공장에 다니는 여공이었고, 그이는 대학교 3학년이었어요. 그러니 반대할만 했지요.

은 혜 : 여공이면 어떻고 고아면 어때요. 사람이 얼마나 올바른가가 문제지. 더군다나 같은 믿음의 생활을 하면서 하여튼 위선자들이 많아요. 교회에서는 반듯하게 차려 입고 성경책을 가슴에 안고서는 거룩한 척 하지만, 속에서는 딴 마음을 품는 이중 인격자가 너무 많아요.

필 녀 : 그게 세상이에요.
모두들 하나님을 믿는다고는 하지만… 하나님이 진짜 있을까요?
나도 믿음이 뜨거울 때에는 하나님이 있는 것 같았지만 내가 필요해서 부르짖으면 그 어디에도 하나님은 나타난 적이 없어요. 하나님이 있다면 항상 있어야지… 그렇지 않아요?
하나님을 찾는 울부짖음은 교회당에 가득 하지만 정작 하나님은 어디에 숨어 있는 걸까요?

은 혜 : 언니가 가슴으로 누군가를 껴안고 사랑할 때가 아닐까요? 하나님은 언니 가슴 속에 계실거예요.

필 녀 : 그 말이 사실이라면 하나님은 없어요. 나는 사랑했던 사람과도 헤어졌고 자식과도 이별을 했으니, 내가 진정으로 사랑하고 있을 때 하나님은 어디에 계셨단 말인가요. 내 가슴은 그저 시퍼렇게 멍이 들었을 뿐이고, 하나님은 눈을 감고 있었나요? 하나님은 없어요.

은 혜 : 그렇지 않아요.
         하나님은 언니의 가슴 속에 계실거예요.
         하나님은 언니 안에도 계시고 내 안에도 계세요.
         하나님을 찾으려 할 필요는 없어요.
         하나님은 언제나 우리 가슴과 영혼에 함께 하시니까요.

필 녀 : (눈이 지글거린다. 강한 단 한번의 북소리와 함께 어눌하
         지만 광기어린 목소리로)잘난 척 하지마! 난 너하고 달라.
         세상에서 버림받으며 산다는 의미를 알아? 사랑하는 사
         람들과 생이별을 해야만 하는 찢어지는 가슴을 알기나 해!
         (사이)
         (안정을 되찾아 다시 뜨개질에 열중한다.)

은 혜 : 언니 미안해요.

필 녀 : 아니야, 내가 너무 흥분했던 것 같아.

은 혜 : (어색한 침묵이 흐르고 은혜는 창가로 다가간다.)
         지금 이 시간에도 데이트 하는 사람들이 있네요. 호숫가
         가로등 아래의 벤치에 나란히 앉아 있어요. 참 보기가 좋
         기도 하고 부럽기도 하네요.
         오늘은 달이 세 개나 떴어요.
         하나는 검푸른 하늘 위에 또 하나는 호수 위에 그리고
         나머지 하나는 저 연인들의 눈동자에…
         예전에 연애할 때 우리 그이와 경포대에 간 적이 있어요.
         서늘한 바다 바람을 마주하며 우리 둘이는 한잔의 술을
         나누었지요.
         그 때 경포대의 달은 다섯 개가 떴었어요(필녀, 창문을
         바라보다 거울을 꺼내어 본다.)

하나는 밤 하늘에 떠있는 달이었고, 하나는 동해 바다 위에
또 하나는 경포대 호수 위에 또 하나는 언약의 술잔 속에,
그리고 나머지 하나는 님의 눈동자에… 정말 근사한 밤
이었어요.
우리는 하나님의 축복 속에 그이의 교회에서 결혼했지요.
시아버님이 시온교회 장로님이시거든요. 시댁 어른들이
모두 교인이세요.

필　　녀 : 무슨 교회라고 ?

은　　혜 : 시온교회요.

필　　녀 : 시온교회 −

은　　혜 : 언니도 우리 교회 알아요 ? 와본 적 있으세요 ?

필　　녀 : 아− 아니 !

은　　혜 : 우리 교회는 은혜가 풍성한 교회예요. 내 이름이 은혜잖
아요. 그런데 우리 교회에 은혜가 나까지 열 명이나 더
있어요. 어때요. 이 정도면 은혜가 충만한 교회지요 ?

필　　녀 : 은혜야 우리 이제 자자. 미안하지만 불 꺼줄래 ?

은　　혜 : (불을 끄며)언니 잘 자요.
걱정 근심일랑 꿈 속에 다 묻어 버리세요.
(필녀, 은혜의 자는 모습을 물끄러미 바라보다가 강하게
머리를 흔든다.)

　　F. O.

F. I.

은 혜 : (창 밖을 바라보며)언니, 날씨가 너무 화창해요. 호숫가에서 물고기에게 먹이를 던져 주는 아이들, 하늘하늘 춤추는 수양버들 아래서 독서를 하는 사람, 엄마아빠 손잡고 산책나온 꼬마, 저쪽에는 오리들이 뒤뚱뒤뚱 걸어오고요. 이제 막 걸음마를 시작한 한 살 바기 어린아이도 같이 뒤뚱뒤뚱 오리를 뒤쫓고 있어요. 정말 살 맛 나는 세상이에요.
(필녀, 창문을 바라보다 거울을 꺼내어 본 뒤에 다시 뜨개질을 계속한다.)
예전에 그 이와 발레 공연을 관람한 적이 있었는데 〈호두까기 인형〉이란 작품이었죠. 얼마나 무대가 환상적이었다고요. 그런데 관람후 그이와 언쟁을 벌이게 되었어요. 나는 호두까기 인형이다. 그이는 호두깍기 인형이다. 정답은 호두까기 인형이었어요. 그이 고집이 얼마나 센대요. 아마 황소가 와도 울고 갈 거에요. (사이) 언니 내 말 듣고 있어요?

필 녀 : (뜨개질을 계속하며)그럼 오리들이 뒤뚱뒤뚱 걸어가고 있잖아.

은 혜 : 언니도 참… 이렇게 더운날에 털 스웨터는 짜서 뭐 하게요? 누구 선물하실 분이라도 있어요?

필 녀 : 아니 그냥 짜는거야. 꼼짝을 못하고 있으니까 손이라도 움직여야지.

은 혜 : 언니 이거 줄 사람 없으면 그거 짜서 나 주면 안돼요?

(필녀가 은혜를 쳐다본다.) 언니 네?

필 녀 : (다시 뜨개질을 하며) 그러지.
(노크 소리와 함께 은혜 남편 등장한다.)

은혜남편 : 여보! 나 왔어.
(필녀, 황급히 이불을 뒤집어 쓴다.)

은 혜 : 당신 오셨어요.

은혜남편 : (장미 꽃다발을 내밀며)
아기 은혜의 서른세번째 탄생일을 축하합니다.
(과장된 몸짓으로 생일축하곡을 부른다.)
왜 태어났니. 왜 태어났어. 이 험한 세상에 왜 태어났니.

은 혜 : 당신 그 노래 솜씨로 성가대 안쫓겨 나는 거 보면 용해요.

은혜남편 : 나도 그렇게 생각해. 그렇지만 나 같은 사람이 있어야지 상대적으로 노래 잘하는 사람이 빛이 나지. 음치도 다 하나님의 뜻이 있는 거야. 그래 몸은 좀 어때? 기침은 덜하고? 약은 꼬박꼬박 제 시간에 먹고 있겠지? 의사 선생님은 뭐라고 하셔?

은 혜 : (웃으며) 정신이 하나도 없어요. 한 번에 한 가지씩 물어 보셔야지요. 당신도 한 번에 네 가지나 물어 보았으니까 내 대답도 한꺼번에 네! 네! 네! 좀 더 두고 보자세요.

은혜남편 : 정말 정신이 하나도 없는데.
우리 공주마마 생일선물은 뭐로 할까? 간만에 나의 진한 키스로 대신 할까? (은근한 목소리로) 이리 와. 응!

은　혜 : 누가 봐요.

은혜남편 : 보긴 누가 본다고 그래.
(필녀를 쳐다보며 작은 목소리로) 자고 있잖아. 자— 이리 와봐.

은　혜 : 저 언니 더운 날씨에 이불을 뒤집어 쓰고 있네. 당신 때문인가 봐요. 다리가 불편해서 잘 씻지를 못하거든요. 돌보아 주는 사람도 없고… 언니! 이불 내려보세요. 우리 그이 소개시켜 드릴께요. 언니! (대답이 없다.)

은혜남편 : 자는가봐.

은　혜 : 그새 잠이 들었나. 당신이 이불 좀 내려 주세요. 얼마나 답답하겠어요. 내가 천식환자라서 그런지 저러고 있으면 내가 답답해요.

은혜남편 : 그러지 뭐.
(조심스레 다가가 이불을 내린다. 두 사람 시선이 마주치며 서로 놀라서 당황한다. 필녀, 황급히 이불을 뒤집어 쓴다.)
여보! 나— 급한 볼 일이 있는 거 깜박했거든. 내일 당신 선물 사가지고 다시 올께. 몸조리 잘하고 있어(황급히 퇴장한다.)

은　혜 : (고개를 갸우뚱이며)아니, 저이가 왜 저리 당황하지?
(필녀를 바라보며) 언니, 우리 그이 이제 갔어요. 그만 일어나세요.(반응이 없자 창가로 간다.)
필녀 언니! 나는 왠지 모르게 언니에게 정이 끌려요. 진짜 친언니 같다는 생각도 들어요. 언니하고 나하고 외모도

…붉은 창(窓) • 25…

비슷하잖아요. 모르는 사람이 보면 자매라고 속여도 믿을 거예요. (사이)
저 길가에 우리 어머니와 비슷한 분이 서 계시네요. 우리 어머니는 돌아겼는데….
어머니는 천상 여자셨어요. 돌아가시는 그 날까지 아버지에게 예쁘게 보이고 싶어서 아버지가 병원에 오실 시간이면 늘 화장을 하고 계셨어요.
그리고 이런 말씀을 해주셨어요.
(필녀, 슬그머니 일어나 창문쪽을 보다가 거울을 들여다본 후에 다시 뜨개질을 한다.)
프랑스 향수의 향기보다 마음의 향기가 더 중요하다. 특히 믿음의 딸로서 영혼의 그윽한 향기를 내야 한다.
또 이런 말씀도 하셨어요.
웃을 때는 입을 가리고 웃어라. 하마는 입을 가리지 않는다.
데이트 할 때는 짜장면을 먹지 마라. 아무리 예쁘게 먹어도 흉잡힐 일이 생긴다.
화장은 너무 야하게 하지 말거라. 약점과 감출 것이 많은 여자처럼 보인다.
불에 음식을 올려놓고 화장대에 앉지 마라. 네가 5분 내에 화장을 끝낼 리가 없다.
어머니의 한 말씀, 한 말씀이 너무도 그리워져요. 그리고 이제서야 어머니의 마음을 조금 알 것 같아요. 창 밖의 저분이 내 어머니라면 얼마나 좋을까요.
(큰소리로) 어머니-!
(멋쩍어 하며)언니 내가 주책이죠?

필　　녀 : (시큰둥하게)아니.

은 혜 : 언니 아까는 제 남편 보고 왜 당황하셨어요?

필 녀 : (당황하며) 아니야, 내가 무슨…

은 혜 : 다 알아요. 언니 얼굴이 엉망인것 같아서 그랬죠. 내가 얼굴 씻겨 드리고 화장시켜 드릴께요. 잠깐만 기다리세요.

필 녀 : 아니야 괜찮아.

은 혜 : 아니예요. 잠깐만 기다리세요.
얼른 가서 세숫물을 떠 올께요.
(잠시후 세수대야에 물을 가득 받아서 들고 온다.)
자- 우리 언니, 내가 오늘 미스 코리아 만들어야지.
(세수를 정성껏 시킨 다음에 화장을 예쁘게 해 준다. 필녀에게 거울을 주며)
어때요 예쁘죠? 이렇게 화장을 하니까 딴 사람 같아요. 언니 너무 아름다워요. 이 귀걸이 언니 하세요. 남편이 홍콩 출장갔다가 사다 준 건데 이거 언니 드릴께요.(귀걸이를 해준다.)

필 녀 : (거울을 들여다 보며 어색하게 웃어본다.) 이렇게 꾸미니까 정말 예쁘게 보이니?

은 혜 : 그럼요. 정말 예뻐요. 언니도 가끔 이렇게 꾸미고 화장도 해서 기분 전환 자주 하세요.

필 녀 : 너네 남편 지금 뭐하니?

은 혜 : 과학 기술원에 연구원으로 근무하고 있어요. 작년에 박사 학위 땄어요.

필 녀 : 그래. 너희 시아버님은 장로님이고 시어머니는 권사님이지?

은 혜 : 어떻게 아셨어요?

필 녀 : 너가 지난번에 이야기 했었잖아. (사이)니 남편 잘해 주니?

은 혜 : 그럼요. 내가 자기한테 첫사랑이래요. 공부만 하느라고 여자를 모르고 지냈다나요. 마치 나를 공주님처럼 대해요.

필 녀 : 아이는?

은 혜 : 딸 하나, 아들 하나예요.

필 녀 : 아이들 예쁘게 생겼니?

은 혜 : 고슴도치도 제 자식은 예쁘게 보이는 법이잖아요. 우리 그이가 워낙 잘생겼거든요. 처음 만났을 땐 플레이보이인 줄 알았다니까요. 그런데 알고 보니 쑥맥처럼 순진한 거 있죠.

필 녀 : (귀걸이를 빼내며)이젠 됐다. 자― 이거 받아.

은 혜 : 언니, 이거 언니 드리는 거예요.

필 녀 : 필요없어. 나 같은 게 이런 건 해서 뭐 하겠어!

은 혜 : 이건 제 마음의 정표예요.

필 녀 : (귀걸이를 던지듯 탁자에 팽개친다.) 됐다는데 왜이래! 내 말 못알아 듣겠어! (화장지를 꺼내어 얼굴을 박박 문지른다.)

은　혜 : 언니! 왜 그래요? 내가 잘못한 거 있어요? 내가 잘못 했으면 언니가 이해하시고 용서하세요. 언니 화내니까 무서워요.

필　녀 : (얼굴을 숙이고 있다가 섬뜩한 미소를 떠올리며) 아니야! 너 잘못 없어. 이 언니는 매사가 이러니 너가 이해해라. (털실과 바늘을 집으며) 이거 빨리 떠서 너 줄게. 올겨울은 따뜻하게 보내거라.

은　혜 : 언니 이제 화 풀린거죠? 얼마나 놀랬다고요.

필　녀 : 많이 놀랐다니 미안하구나. 니 남편 혹시 호박전 좋아하지 않니?

은　혜 : 언니가 그걸 어떻게 아세요? 호박전이라면 사족을 못써요.

필　녀 : 니 남편 십팔번이 변훈 선생님이 작곡한 명태라는 곡이지?

은　혜 : 언니가 그걸 어떻게…

필　녀 : 또 탈랜트는 최진실을 좋아하고 잠을 잘 때 코를 심하게 골지? 내가 어떻게 아냐고? (미소를 지으며) 내가 좀 신끼가 있거든. 그냥 그런 것들이 내 눈에 보여질 때가 있어. 하지만 니 남편 조심하거라. 너를 배신할지도 몰라.

은　혜 : (놀라서) 예ㅡ!

필　녀 : 그 전에도 배신한 적이 있는 남자지. 한번 배신한 남자는 또 배신하게 되어 있어!

은　혜 : 설ㅡ 설마 언니하고 무슨…

필 녀 : 아닐 수도 있고 맞을 수도 있지.

은 혜 : 그 말이 무슨 의미예요?

필 녀 : 아니야! (갑자기 어린아이의 목소리로) 내가 얘기 했었잖아. 그냥 그런 것들이 가끔 보일 때가 있다고 햇햇해해ㅡ (어린아이 웃음 소리)

F. O

F. I

　　은혜, 창가에서 기도하고 있다.
　　북 소리가 귀귀하게 들려온다.
　　필녀, 여전히 뜨개질을 하면서 창가를 쳐다보다가 거울을 들여다 보고 다시 뜨개질을 한다.
　　은혜, 조용한 목소리로 "참 아름다와라"(찬송가 78장) 찬송을 부른다.
　　귀귀한 북 소리와 함께 기묘한 불협화음이 이루어진다.

　　　　참 아름다와라 주님이 세계는
　　　　저 솔로몬의 옷보다 더 고운 백합화
　　　　주 찬송하는 듯 저 맑은 새소리
　　　　내 아버지의 지으신 그 솜씨 깊도다

필　녀 : 이제 완성이 다 되어 가는데. 은혜야 목 부분을 폴라로 해줄까 아니면 라운드로 해줄까? 맞아! 은혜는 천식이 있으니까 목을 따뜻하게 보호해야지. 목 부분은 폴라로 해줄까?

은　혜 : 언니! 저 아름다운 창 밖의 세상으로 나갈 수 있을까요? 요사이 왠지 불안한 생각이 자꾸만 들어요.

필　녀 : (기묘히 웃으며) 그럼, 너는 네가 말하던 저 아름다운 창 밖의 세상으로 나갈 수 있을거야.
　　　　너 말대로면 저 바깥 세상은 얼마나 아름답고 살맛 나는 세상이겠니. 은혜야 이리 와서 스웨터 치수를 맞추어 보자.

은　혜 : (다가서며) 언니 고마워요.

필　녀 : 고맙기는… 자 뒤로 돌아보렴.
　　　　(필녀의 눈빛이 이상한 광기에 휩싸인다. 뾰족한 대바늘을 찌를 듯이 치켜든다. 어디선가 북소리)
　　　　(사이)

은　혜 : 다 되었어요?

필　녀 : (순식간에 표정을 바꾸며) 그래. 아주 몸에 꼭 맞아. 나중에 입으면 아주 잘 어울릴거야. 이 붉은 스웨터가.

은　혜 : 노란색이었으면 더 좋았을텐데… 저는 어려서부터 노란색을 유난히 좋아 했어요. 길을 가다가도 병아리만 보면 안사고는 그 자리를 떠나지 못했어요. 그런데 병아리를 사다 키우면 열흘 뒤에는 꼭 죽어요. 참 이상한 일이죠.

필　녀 : 내 동생도 노란색을 유난히 좋아 했었는데…

은　혜 : 동생이 있어요?

필　녀 : 있었지. 아주 어렸을 적에 헤어졌어. 고아원에서… 우리는 울면서 헤어지지 않으려고 발버둥을 쳤지만 어쩔 수가 없었어.
　　　　그 고아원 이름이 희망보육원이었지. 희망은커녕 나는 절망만 느꼈었지.
　　　　내 동생 필순이도 은혜 너처럼 눈이 크고 눈망울이 순했지. 무슨 변호사 하는 집에 양녀로 들어 갔었는데…

은　혜 : 변호사 하는 집이라고요?

필 녀 : 그 집 아저씨가 변호사랬어.

은 혜 : (필녀를 뚫어지게 본다)…

필 녀 : 내 얼굴에 뭐 묻었니?

은 혜 : 아— 아니요.

필 녀 : 갑자기 얼이 빠졌나 말을 더듬고 그래. (대답이 없자)니 남편 이야기 좀 해봐라. (대답이 없자)좀 해봐.

은 혜 : 무슨 이야기요?

필 녀 : 아무 이야기나!

은 혜 : 언니는 왜 제 남편에 대해서 그렇게 관심이 많으세요?

필 녀 : 아니! 니 남편 얘기 좀 물어보면 안되니? 너도 억지로 말 시키고 말 붙이고 했잖아! 나는 너한테 말 시키면 안된다는 법이라도 있어?

은 혜 : 그게 아니라 언니가 하도 제 남편 이야기에 집착하니까요.

필 녀 : 서방없는 년이래서 남의 서방은 어떤가 하고 궁금해서 그런다. 왜? 니 서방 뺏기라도 할까봐. 겁이 나?

은 혜 : 언니! 우리 그런 이야기 그만해요.

필 녀 : 말을 억지로 붙일 때는 언제고 너는 너 하고 싶은 대로만 해야 돼! 저 창밖을 내다보는 것도 그래…. 너는 무엇 하나 부족함이 없는데 이 작은 병실의 단 두 개뿐인 침대 중에서 니가 하필이면 창가의 침대를 차지해야만 하는 거야?

내가 왜 뜨개질만 하는 줄 알아? 나는 매일 회색 천장만 바라보며 누워 있어. 내 인생이 그러했듯이… 니가 창밖을 바라보며 행복해 하고 창 밖 풍경이 아름다워 미소를 지으면 나는 거울을 들여다 보면서 이야기 하지.
필녀야 지지리도 복이 없는 년아. 너는 항상 남들에게 빼앗기고만 사니. 확률이 오십프로나 되는 저 창가의 가장자리 침대 하나도 차지하지 못하는 이 불쌍하고 병신같은 년아!
너는 내 기분 알아? 알 리가 없지. 화초온실 속에서 금이야 옥이야 곱게만 자라온 너 따위가 무엇을 알겠어.
너를 바라보면서 이 세상이 얼마나 불공평한지를 더욱 알게 되었지. 이 세상에 하나님이란 없어. 누구는 항상 불행하게 살아야 하고 누구는 항상 행복하고 좋은 자리만 차지해야만 하는 거야!
(목소리를 낮추며) 은혜 너는 몰라. 이리 차이고 저리 차이면서 사는 인생의 아픔과 비애를 몰라.

은 혜 : 언니, 우리 침대 바꾸어요. 언니가 그런 기분을 느끼는 줄 꿈에도 몰랐어요. 미안해요.

필 녀 : 왜 가진 자의 여유라도 부려 보겠다는 건가? 그런 친절은 모두를 갖고 있기에 부릴 수 있는 호기겠지. 하긴 너에게 저 창문가의 침대가 뭐 그리 중요하겠어.

은 혜 : 언니, 사실은 나도 고아에요. 고아 출신이란 말이에요.

필 녀 : 이제보니 사람을 놀리기까지 하는구나. 사람을 어떻게 보고 그 따위 수작을 부리는 거야. 사람 기만하지 마!

은　혜 : 언니 제발 억지 부리지 마세요.(침대에 엎드려 운다.)

필　녀 : 은혜야 내가 잘못했다.
　　　　(스웨터를 짜던 대바늘을 잘게 부러뜨린다)
　　　　은혜야 착하지. 내가 잘못 했다니까. 은혜야 착하지.

F. O

F. I

어스름한 새벽.
은혜,. 기침을 시작한다.
필녀, 그저 무심하게 바라본다. 완성된 스웨터를 들어본다.
은혜, 점점 심하게 기침을 한다.
필녀, 완성된 스웨터의 실을 풀어 헤치기 시작한다.
은혜, 호흡이 자꾸만 거칠어진다.

필 녀 : 은혜! 너는 너무 좋은 세상에서만 살았어. 너무 좋은 자리만 차지하고 살았단 말이야.
(멀리서 북 소리가 들려온다. 사이키 조명과 함께 조명이 양 침대를 번갈아 보여준다.)
(붉은 스웨터의 털실을 계속 풀으며) 너는 내 남자도 차지했어!
(은혜, 호흡장애로 발버둥을 치며 필녀에게 도움을 요청하듯이 한 손을 필녀에게로 뻗는다. 그러나 기괴한 웃음을 짓는 필녀. 계속해서 털실을 마구 풀어 헤친다.)
난 너를 도와줄 수가 없어! 암 도와줄 수가 없고 말고. 나도 그랬었거든. 내가 필요로 해서 구원과 도움을 요청하면 세상 사람들과 하나님은 나를 본체만체 했었거든.
(조명, 괴로워 하는 은혜를 비추다가)
너도 그 고통과 절망을 느껴봐! (은혜, 십자가 모양의 링거병 걸이개를 움켜쥐며 괴로워 한다.)
나도 저 침대에 누워보자. 나도 저 침대에 누워서 살 맛 나는 세상의 아름다움을 만끽해 보자.
(은혜, 십자가 형태의 링거병 걸이개를 부여잡고 최후의 몸부림을 친다. 멀리서 북 소리와 어우러져 나무망치 소

리가 들려온다.)
이제 다 끝나 가는군.(풀어 헤친 실타래를 머리 위로 던진다.)

은혜, 십자가 형태의 링거병 걸이개를 부여 잡고 서서히 무너진다.
북 소리, 망치 소리, 섬짓한 필녀의 웃음소리와 함께…

F. O

F. I

간호사 : 참 안됐어요. 여기 있던 환자 말이에요. 비상벨만 눌렀어도… 그날 잠이 깊이 드셨나 봐요? 옆에서 사람이 죽어가는 것도 모르고… 하기는 아주머니도 얼마나 놀라고 상심이 크셨어요. 그 동안 언니, 동생 하면서 다정하게 지내셨는데. 자— 이제 부탁하신 대로 옆 침대와 자리를 바꾸어 드릴께요.
(침대 바퀴를 이용하여 위치를 서로 바꾼다. 간호사 퇴장한다.)

필　녀 : 이제야 내 소원을 이루는 구나. 나도 아름다운 창밖의 세상을 감상해야지.
(안간힘을 써서 상체를 일으켜 세워 간신히 창가에 팔을 대고 일어선다.)
아니 뭐야! 아무것도 없잖아. 파란 호수도, 버들가지도 오리도, 가로등도 아무것도 없어!

　　천둥소리, 나무망치 소리, 세상의 모든 고통과 아픔을 지고가는 듯한 신음소리.

필　녀 : (관객을 바라보며)
그랬습니다.
창 밖에는 아무것도 없었습니다. 오로지 맞은편 건물의 회색 담벼락만이 가로막고 있었을 뿐이었고. 그 너머에 붉은 십자가만이 빛나고 있었습니다.
(음악이 흐른다. 필녀, 무대 중앙으로 이동한다.)

나는 은혜를 죽인 살인자입니다.
은혜는 어렸을 때 고아원에서 헤어졌던 내 동생이었습니다.
동생 필순이는 나와 남편의 관계를 눈치채고는 내가 친언니임을 알고도 그저 괴로워 하며 기도할 뿐이었습니다.
나는 내 동생 필순이를 죽인 살인자입니다.
필순이는 끝없는 고통과 아픔 가운데 그렇게 예수님처럼 죽어갔습니다.
나는 내동생 필순이를 죽인 살인자입니다.
필순이의 창밖 세상은 십자가를 붉게 물들이며 돌아가신 예수님을 보았기에 세상이 아름다웠고 영혼이 깨끗할 수가 있었던 것입니다.
나는 내 동생 필순이를 죽인 살인자지만 필순이의 희생과 죽음으로 알게 된 주님의 붉은 십자가를 이제는 내가 지고 가겠습니다.

조명과 음악이 잦아들면서 무대의 막이 내린다.

연출에 대하여

⋮

연출가는 많은 능력이 요구되는 자리입니다.

우선 작품을 전반적이고도 깊이 있는 분석을 하여 연기자가 배역을 잘 소화할 수 있도록 지도하거나 도와주어야 합니다. 또한 조명, 음향, 무대미술, 장치 등에 있어서 전반적인 지식을 습득하여 연기자와 스태프들을 유기적으로 잘 결합하고 융화시켜 작품의 예술성과 통일성 그리고 균형미를 잘 이끌어 무대화 시켜야 합니다.

1. 연출가와 배우

연극의 3대 요소는 희곡, 배우, 관객입니다.

이렇듯 배우가 공연에서 차지하는 비중은 절대적이고 거의라고 말할 수도 있습니다.

연출가는 기본적으로 배우를 사랑하는 마음을 가지고 있어야 합니다. 더군다나 성극을 연출하는 연출가는 깊은 신앙심과 맑은 영혼을 가지고 사랑으로 배우와 스태프들을 이끌어가야 합니다.

연출가와 배우간에 인간적인 신뢰와 신앙적인 교류가 없다면 좋은 공연이 이루어질 수 없습니다.

또한 배우에게 연기를 지시하는 입장이 아니라 배우가 긴장을 풀고 편안한 심리적 상태로 연기에 몰입할 수 있게 유도해 나가야 합니다.

2. 연출가와 스태프

연출가도 사람인 이상 그 많은 영역의 일을 혼자서 다할 수가 없을 뿐더러 다 알지도 못합니다.

특히 기술적인 분야일수록 그렇습니다.

때에 따라서 전문적인 분야는 담당자에게 맡기도록 하십시오.

다만 극 전체의 통일성과 균형을 위하여 중요하고 기본적인 것은 연출가가 설정해야 합니다.

3. 관객에 대하여

연출가는 하나님을 두려워 하듯이 관객을 두려워 해야 합니다.

항상 관객을 의식하면서 연출을 한다면 더 좋은 공연이 되도록 최선을 다하게 될 것입니다. 또한 관객이 은혜와 감동을 받는다면 연출가로서의 기쁨과 보람을 얻을 것입니다.

관객의 평가는 항상 냉정하다는 것을 명심하시기 바랍니다.

4. 대본의 선택

연출가는 성공적인 공연을 위해 좋은 성극 대본을 고를 수 있는 눈을 가지고 있어야 합니다. 다음의 사항들을 고려한다면 신중한 선택을 할 수 있을 것입니다.

첫째, 현실적으로 우리가 공연 가능한 작품인가?

둘째, 작품이 지니고 있는 주제와 메시지는 무엇인가?

셋째, 작품의 플롯은 잘 구성되어져 있는가?

넷째, 등장인물의 숫자와 묘사는 잘 되어 있는가?

다섯째, 공연소요 시간과 연습기간은 얼마나 필요한가?
또한 연출가는 필요에 따라 대본을 부분적으로 삭제하거나 수정할 수 있는 능력이 있어야 합니다.
그러나 작가의 주제와 작품 전체가 손상되지 않는 범위 내에서 기술적으로 처리해야 합니다.

5. 무대의 이해
무대가 프로시니엄 무대인지 돌출 무대인지를 파악하여 그 무대 특성에 맞게 작품을 연출해야 합니다.
또한 무대의 영역을 잘 설정하여 작품을 구성해야 합니다.
무대의 연기 영역은 보통 여섯 등분 내지 아홉 등분으로 나누어 사용합니다.

UR	UC	UL
~~RC~~	~~C~~	~~LC~~
DR	DC	DL

※ 방향은 연기자가 관객을 바라보고 있을 때를 기준으로 합니다.

 C – Center(중간)
 U – Up(상단)
 D – Down(하단)
 R – Right(우측)
 L – Left(좌측)

위와 같이 무대영역을 설정하였을 때 관객이 가장 강하게 느끼는 위치는 DC이고 그 다음은 UC입니다.

그리고 사람들이 책을 읽을 때 왼쪽에서 오른 쪽으로 읽어나가듯이 DR의 비중이 그 다음으로 높고 DL, UR, UL 순서입니다.

또한 무대장치나 대도구, 소도구의 배열은 무대를 45° 기본축으로 하여 배치하고 배우의 무대위치 축도 이를 기본으로 해야 합니다.

위와 같은 내용들을 기본으로 연기의 동작선과 등퇴장선을 설정하여 무대 전체를 조화롭고 균형있게 연출해야 합니다.

6. 타이밍

절묘한 타이밍은 극적 효과를 증대시킵니다.

연기자의 대사와 몸동작, 스태프들의 조명과 음향의 처리 등에 있어서 서로간의 정확한 타이밍은 매우 중요합니다.

특히, 관객의 웃음을 유발하는 대사는 정확한 타이밍이 요구됩니다.

7. 리듬과 박자

시간 속의 힘이 형식화 되어 흐르는 것, 시간 속의 힘이 상승하고 하락하는 것이 무대의 리듬입니다.

그리고 박자는 리듬을 결정하는 단위입니다.

모든 대사와 동작에는 박자와 리듬이 있습니다.

극 전반을 일정하게 리드하는 리듬이 있다면 작품이 한층 더 생동감 있게 전달됩니다.

8. 침묵의 공간

연출가는 항상 무대가 무엇으로 가득차 있어야 한다는 강박관념에 사로잡힐 수 있습니다.

항상 대사와 동작이 끊어지지 않아야 한다는 생각은 어리석은 생각입니다.

극적 긴장감을 고조시키기 위해 어느 한순간 무대를 침묵 속에 빠지게 한다면 관객은 무대에 더욱 집중할 뿐만 아니라 긴장하게 됩니다.

숨을 계속 쉬던 사람이 일순간 숨을 정지시킨다면 보고 있는 사람들은 언제 숨을 쉴까 하고 긴장하게 되는 원리와 같습니다.

9. 연출가는 극 전체를 어떤 색깔에 대비시켜 극을 전개하는 것이 좋습니다.

조명, 색깔, 무대장치, 의상이나 연기, 음악 등 보이는 것과 보이지 않는 것을 통틀어 연출자가 극 분위기에 맞는 색감을 설정하고 연출한다면 관객들은 공연을 본 뒤에 작품에 대한 느낌이 선명해질 것입니다.

위에서 언급한 사항 이외에 연출가가 책임지고 관여해야 할 부분은 많습니다.

연출가는 매순간 선택하고 결정을 내려야 하는 위치에 있습니다.

때로는 배우와 스태프의 말에 귀를 기울여야 하고, 때로는 신속하고 과감한 결단력이 요구되는 자리입니다.

무엇보다도 성극 연출가는 하나님과의 영적 교통이 필요합니다.

그리고 배우와 스태프들을 신앙적으로 리드한다면 금상첨화입니다.

연출가의 영혼과 신앙이 잠들어 있다면 결코 은혜와 감동이 넘치는 공연은 있을 수가 없습니다.

어부(漁夫)

▼
▼
▼
▼
▼
▼

"말씀하시되 나를 따라 오너라.
내가 너희로 사람을 낚는 어부가 되게
하리라 하시니 저희가 곧 그물을
버려두고 예수를 좇으니라"

―마태복음 4장 19, 20절―

■ 작품 해설

　어부(漁夫)는 저의 체험을 담은 작품입니다.
　서해안에 위치한 작은 어촌의 어부들이 출항해서 고기잡이 하는 모습을 생생하게 그렸습니다.
　그래서 생소한 용어와 대사들이 많이 나오지만 극을 사실적으로 그리고 싶어서 그대로 표현했습니다.
　무대를 설명하는 글을 읽고서 배 모양의 무대장치를 어떻게 설치할 것인지에 대하여 암담하실 겁니다.
　저는 작가 이전에 연출가이기 때문에 충분히 고려해서 무대를 설정했습니다.
　배의 옆면 모형은 앵글로 제작하면 되고 흰천에 배의 형체를 그림으로 그려서 덮어 씌우면 되겠습니다.
　앵글은 조립이 용이하고 가격도 저렴합니다.
　이 방법이 어렵고 복잡하다면 관객과 약속만 잘 정하고 생략하여도 무방합니다.
　예를 들어 무대를 배의 갑판이라고 인식시키는 대사를 서두에 표현한다던가 아니면 연기자가 가상 선을 정해 놓고 연기한다면 무리가 없겠습니다.
　다만 그물이나 부표, 갈고리, 밧줄 등으로 무대를 잘 꾸며야 하고 항해실은 무대 밖으로 가정하여도 됩니다.
　그물이나 부표 등은 인천의 소래 포구나 용유도 등의 가까운 어촌 마을에 가면 못쓰게 되어 버리는 것들이 많이 있습니다.
　이 작품을 준비하면서 작품 분위기도 익히고 소품도 구할겸 해서 공연 준비자들이 가까운 어촌 마을을 방문한다면 여러모로 낭만과 의미가 있을 것입니다. 배의 엔진 소리, 파도 소리, 뱃고동 소리, 바람 소리 같은 음향은 아주 중요하니 철저하게 준비해야 합니다.

시중에 성극 음향 테이프가 나와 있으니 쉽게 구입할 수 있습니다.
더 자세한 설명을 드리고 싶지만 성극을 공연하기 위해 시행착오와 많은 고민과 생각들을 하는 것은 공연을 준비하는 사람들만의 즐거움이자 의무라고 생각합니다.
이 작품은 바다의 환경오염 문제도 관심있게 다루고 있으며 실천하고 행동하는 목회자 상을 그리고 있습니다.

어부(漁夫)는 1999년도에 브니엘에서 공연힐 작품입니다.

어부(漁夫)

......

때 : 현재
장소 : 어선의 갑판

등장인물
선장
박창만(어부 1)
표칠성(어부 2)
왕연흠(어부 3)
이재식(어부 4)
오의환(어부 5)

무대

선수부터 항해실까지 작은 어선의 갑판이다.

무대 우측 상단에서 뱃머리가 시작되어 무대의 중앙으로 갑판이 이어지고 좌측 하단으로 항해실까지 이어져 있다. 갑판 중앙 위쪽에 야간작업에 필요한 전구들이 2개의 수평 막대에 매달려 있으며 그물, 부표 등 고기잡이에 사용되는 도구들이 잘 정돈되어 있다.

선수 우측에 그물을 끌어 올리는 도르래가 설치되어 있으며 선수 중앙에는 밧줄을 묶어두는 기둥이 보인다.

무대 전면은 배의 골격을 갖춘 어선 형태이며 '조인호'라는 배의 이름이 약간 조잡한 글씨체로 써져 있다.

선체 옆면에는 충돌시 충격을 완화시키기 위한 폐타이어가 군데군데 매달려 있다.

막이 오르면 아직 동이 트기 한참 전이지만 출항 준비에 바쁜 어부들의 고함 소리와 발동기 엔진 소리가 요란하다. 선수와 중앙 갑판을 오가며 출항 준비에 부산한 모습이다.

출항 준비가 끝나자 선장이 어부들을 한자리에 모이게 하고 출항전 기도 모임을 갖는다. 선장의 대표기도 소리가 작아지면서 기도하는 어부들 중에서 표칠성이 일어나 선수 기둥에 앉는다.

표칠성 : (어깨를 으쓱이며)어째 고깃배 출항 직전의 모습이 좀 어색하실 겁니다. 교회가 많은 대도시 사람들이나 교인들에게는 낯설지 않은 풍경이지만 적어도 고기잡는 어부들의 모습에서는 좀처럼 찾아보기 힘든 모습이죠. 일의 특성상 거친 바다에서 생계를 이어가는 어부들은 미신이나 샤머니즘을 신봉하고 용왕을 섬기며 고사나 굿을 하지만 특이하게도 조인호의 어부들은 하나님께 기도하고 있습니다. 조인호도 몇 년 전에는 그저 한 잔의 술을 바다에 뿌리며 용왕님께 잘 보호해 주십사 하는 약식고사를 지내고 출항했지만 어떤 사건과 사람으로 인하여 그 후로는 출항 직전에 용왕에게 술을 뿌리는 대신 이렇게 기도하며 배의 안전과 만선을 하나님께 의지하게 되었답니다.
여러분 궁금하시겠죠? 미신과 굿이 난무하던 이 작은 어촌 마을에 이 조인호에 어떤 사건이 있었기에 작은 기적이 일어났을까요?
지금은 현재이지만 배가 출항하면서부터 몇 년 전 그 사건 당시로 연극은 재현됩니다.
그럼 저는 이만… 저도 출항 준비에 바쁘거든요.

F. O

F. I

어슴프레한 새벽녘이다.
어선의 엔진 소리와 함께 일기예보 소리가 흘러 나온다.

소　리 : 제7호 태풍 엘리스호가 제주도 남서쪽 먼 바다까지 진출했습니다. 아직까지 서해와 동해 바다에는 직접 영향을 미치지 않고 있지만 남해와 서해 먼 바다를 항해중인 선박들의 주의가 요망되고 있습니다.
　　　　태풍의 진로는 서해안을 타고 북상할는지 아니면 일본열도로 비켜갈 것인지 아직 확실치 않다고 기상청은 밝히고 있습니다.
　　　　현재 태풍 엘리스호는 매시간 50km의 속도로 빠르게 북상하고 있습니다.

조명이 들어오면 갑판 위는 투망작업 준비가 한창이다.
갑판 중앙에 그물을 놓기 위해 어부들이 두 줄로 서 있다.
오의환은 배의 출렁임에 균형을 잡지 못하고 자꾸만 자빠진다.

표칠성 : 피죽도 못먹고 살았나, 왜 저렇게 나가 자빠져? 하여튼 걱정된다 걱정돼.

박창만 : 오늘 처음 나와서 그런께 너무 타박하지 말어. 우리네야 태어나서 자란 곳이 이 바다니께 그런거여.

이재식 : 난 작년에 처음 배 탔을 때 저러지 않았어요. 보아하니 저 사람 힘든 일 해본 적이 없는 사람 같애요.

박창만 : 지 입으로 그랬잔혀 신학대학 다니다가 휴학하고 학비 벌려고 온거라고.

표칠성 : 학비 벌려고 왔는지 사고 치고 도망왔는지 모르는 일이야. 지난 가을에도 학비 벌려고 왔다고 한 놈이 해안초소에서 신원조회 때려 보니까 기소중지자 아니었소. 멍청한 놈들 죄 짓고 숨으려고 이 곳으로 오는데 출항할 때 신원조회 하는 것 몰라서 하는 짓거리들이지.
저 놈도 모르는 일이야. 일 끝내고 뭍으로 돌아가면 방파제에 형사들이 나와 있을런지도.

박창만 : 허긴 그렇구만. 내도 한두 번 본 게 아니여.

왕연흠 : (오의환에게 다가서며) 어이! 오형, 처음이라 균형 잡기가 힘들겠지만 배에서 균형조차 못잡으면 뱃일을 어떻게 하려고 합니까? 배가 물결 따라 움직일 때 자꾸 안쓰러 질려고 하면 뱃속의 내장들과 몸뚱이가 따로 놀기 때문에 배멀미도 더 심해집니다.
배가 출렁이는 좌우 방향으로 가볍게 무릎을 굽혀 주면서 하중을 실어주고 리듬을 타시오. 자꾸 하다보면 자연스럽게 몸에 균형이 잡힐 겁니다.

이재식 : 참 친절도 하네. 저 놈은 뱃질을 할 게 아니라 호텔에서 벨보이나 해야 될 놈이라니까.

왕연흠 : 이 자식이 일 초장부터 빈정되긴…….

선　　장 : (항해실에서 목을 길게 빼내며) 투망 준비는 다 된 거야!

박창만 : 다 됐구먼.

(투망 준비를 알리는 뱃고동을 한 번 짧게 울린다. 갑판 위에 작은 긴장감이 감돈다.)

표칠성 : 어이, 형씨는 한 망간 던질 동안 거기서 구경이나 하고 있다가 다음에 끼어드쇼.
(어부들 그물을 들고 투망 신호를 기다린다. 이윽고 뱃고동이 두 번 울리자 그물을 뿌린다. 배의 엔진 소리가 요란하다. 한 망간의 그물을 뿌린 후 부표를 띄운다. 다음 투망 장소로 가기 위해 배가 속력을 낸다.)

박창만 : 오의환이라 했는가? 그래 의환이 잘 봤는겨? 그물 뿌릴 때 조심해야 혀. 잘못해서 그물에 발이 엉켜 걸리면 그물과 함께 순식간에 바다 밑으로 가라앉응께. 그 때는 아무도 책임 못져 알것지?

오의환 : 예! 조심하겠습니다.
(다시 투망 준비를 알리는 뱃고동이 짧게 한 번 울린다.)

왕연흠 : 오형은 내 옆에 서서 유아를 옆사람에게 엉키지 않게 옮겨 주기만 하면 됩니다.

오의환 : 잘 알겠습니다.
(이윽고 투망을 알리는 뱃고동이 두 번 울리자 그물을 바다에 뿌리기 시작한다.)

표칠성 : (오의환이 자꾸 자빠지자) 똑바로 주지 못해! 지금 장난 하는 줄 알아 이 자식아!

이재식 : 똑바로 해!

왕연흠 : 오형! 빨리 받아요.

오의환 : (쩔쩔되며) 예! 예! (잘하려고 애쓰지만 몸을 가누지 못한다.)

박창만 : 빨리 안주면 배가 진행하는 속도 때문에 다친다구!

오의환 : 아앗! (옅은 비명을 지르며 흩뿌리는 그물에 발이 휩쓸린다.)

왕연흠 : (항해실을 향해 큰 소리로)
스톱! 스톱!
(동시에 박창만과 이재식은 오의환이 그물에 쓸려 바다에 빠지지 않도록 오의환을 붙잡고 늘어진다.)

표질성 : (재빨리 도끼를 꺼내어 뱃전의 그물을 내리 찍는다.) 야앞!
(잘려나간 그물이 바다에 떨어지자 오의환은 망연자실해 있다.)

선　　장 : (항해실에서 뛰어내려 오며) 뭐야? 사고 났어? 누구야?

표질성 : (도끼를 내던지며) 씨팔! 저 자식 때문에 초상 치를 뻔 했잖아요. 아무리 선원 구하기가 어려워도 그렇지, 저런 덜떨어진 자식을 데려오면 어떻게 해요!

선　　장 : (변명하듯이) 요새 선원 구하기가 쉬워야지. 저마다 쉬운 일만 찾아 나서니 힘든 뱃일을 하려고 들지를 않아. 그나저나 다친 데는 없어?

오의환 : (풀이 죽어) 예, 죄송합니다.

박창만 : 그러게 내가 조심하라고 했잖아. 몇일 전에도 행운호에서

투망 작업 하다가 사람이 그물에 딸려가 죽었다고…
칠성이 쟈가 그래도 몸이 날쌔니까 이만한게지 하여튼
다행이여.

이재식 : 칠성이 저 놈이 난 놈은 난 놈이야. 천상없는 뱃놈이라니까.
그나저나 그물을 바다에 잃어 버렸으니 그물값을 공동경
비에서 제하는 거죠?

표 칠성 : (분을 삭이지 못하고)재수 옴 붙었다니까. 요새 고기삽이노
시원치 않은 판국에 새 그물을 한망간이나 잃어버렸으니
오늘 일 헛했다니까.

박창만 : 그러게나 말이여. 손해나 안보면 다행이여.

왕연흠 : 자! 자! 그만들 합시다. 사람이 안다친 게 중요하지
그까짓 그물이 문젭니까?

이재식 : 저 자식은 꼭 끼고 돌아.

왕연흠 : 이 자식이 정말!

선　장 : 됐다. 됐어! 어디 한두 번 겪는 일이야. 그리고 의환이
조심해서 일해. 고기잡는 일도 중요하지만 첫째는 안전이야
알겠나?

오의환 : (고개를 푹 숙이며)조심하겠습니다.

표칠성 : 대답은 넙죽넙죽 잘하는군.

F. O

F. I

바다 동쪽 끝으로 해가 떠오른다.
바다를 붉게 물들이며 솟아오르는 일출을 오의환은 바라보고 있다.
찬송을 부른다.

    저 멀리 뵈는 나의 시온성
    오 거룩한 곳 아버지 집
    내 사모하는 집에 가고자
    한 밤을 새웠네
    저 망망한 바다 위에
    이 몸이 상할지라도
    오늘은 이곳 내일은 저곳
    주 복음 전하리.

왕연흠 : (등장하며)오형! 잠이나 자 두지 여기서 뭐하십니까?

오의환 : 일출이 장관이라서요. 이렇게 바다 한가운데서 떠오르는 해를 바라보고 있으니 굉장히 낭만적이네요.

왕연흠 : 서해 바다에서는 낙조가 더 아름답지요. 바다를 오렌지색으로 물들이며 바다 속으로 빠져드는 일몰을 보고 있노라면 나같이 무식한 뱃놈도 기분이 이상해집니다.

오의환 : 배 타신 지는 얼마나 됐습니까?

왕연흠 : 어머니가 돌아가신 후에 갈팡질팡 하다가 여기까지 흘러 왔지요. 얼추 5년 되어 갑니다.

오의환 : 처음 하는 일이라 모든 게 생소하고 두렵네요.

왕연흠 : 칠성이 하고 재식이 너무 신경 쓰지 말아요. 겉으로 보기에는 거친 뱃놈들이지만 알고보면 불쌍하고 착한 놈들이지요.
뱃놈들에게는 저마다 불행한 과거가 한 가지씩 있답니다. 그 운명의 힘에 못이겨 이렇게 거친 바다와 싸우며 지내죠.

오의환 : 저같이 학비 벌려고 온 사람이 못마땅하겠습니다.

왕연흠 : 그것보다도 괜히 전도 한답시고 하나님이나 성경 들먹이지 마십시오.

오의환 : 왜요?

왕연흠 : 뱃사람들은 천성적으로 하나님과는 거리가 멀어요. 거칠게 사니까 교회 다니는 사람들을 샌님으로밖에는 보지 않을 뿐더러 생리에도 맞지 않습니다.
뱃사람들은 행동이 앞서기 때문에 말 많고 말만 앞세우는 교인들을 싫어하죠.

오의환 : 유념하겠습니다. 저도 굳이 전도할 생각은 없어요. 다만 있지도 않은 용왕이나 섬기고 미신을 믿는 현실이 안타까울 뿐입니다. 저에게는 좋은 경험이 될 것 같아요. 예수님의 제자 중에서 수제자인 베드로의 직업이 어부였거든요. 갈릴리 호수에서 고기잡는 어부였습니다.

왕연흠 : 금방 성경 얘기는 하지 말라고 했는데…

오의환 : 아차! 죄송합니다.

왕연흠 : 오형, 보니까 나하고 동갑내기인데 서로 말 놓고 친구처럼 지냅시다.

오의환 : 좋습니다.

왕연흠 : 그럼 말부터 놓자.

오의환 : (손을 내밀며) 그러자.

왕연흠 : (손을 잡고 흔들며)잘하면 나도 목사 친구 생기겠는데…

오의환 : 그런데 아까 그물값을 공동경비에서 지출한다는 말이 무슨 말이야?

왕연흠 : 너 여기 올 때 선장님 하고 계약했지? 그 계약조건이 모두 똑같아. 고기를 잡으면 그 이익금은 선장과 선원들이 5 : 5 로 나누거든. 오늘 고기를 백십만원어치 잡으면 기름값, 부식비 등 소요경비와 그물같은 작업도구 등의 경비를 제하고 나머지 이익금이 백만원이면 선장님이 50%인 50만원을 가지고 가고 나머지 선원 다섯 명이서 똑같이 십만원씩 나누는 거야. 그 돈을 계약이 끝나는 날에 결산해서 목돈으로 받는 거다.

오의환 : 이익금을 모든 선원에게 똑같이 분배하는 거야?

왕연흠 : 그래서 신참 선원이 들어와서 일을 못하면 굉장히 화들을 내. 고참 선원이건 신참 선원이건 일을 잘하건 못하건 똑같이 이익을 분배하니까 일 못하고 사고 치는 신참 선원이 얼마나 눈에 가시 같겠니.

오의환 : 그래서 아까 그렇게 화를 냈구나. 나는 그것도 모르고 얼

마나 섭섭했는데.

왕연흠 : 너도 얼마 동안이지만 뱃일을 하는 날까지 그 사람들에게 일 못해서 피해주면 안돼. 그러니까 일을 빨리 배우도록 해. 배 위에서는 많이 배운 것도 필요 없고 똑똑한 것도 필요 없어. 뱃놈은 그저 뱃일을 잘해야 되는거야.

표칠성 : 뭐하고 있어? 아침밥 먹을 준비 안하고. 그리고 당신 신참 주세에 여기서 노닥거리면 되겠어! 빨리 화장에게 가봐.

오의환 : 화장이라뇨?

왕연흠 : 배에서 식사를 책임지는 사람을 화장이라고 해. 어서 재식이에게 가.

표칠성 : 괜찮긴 뭐가 괜찮아. 선장도 미쳤지 어쩌자구 저런 녀석을 데리고 와. 그리고 요새 선장 그물 치는 장소도 마음에 안들어. 예전에는 그물 놓는 곳마다 고기들이 가득 잡혔는데 요사이는 영 신통치가 않아. 고생은 고생대로 하고 나도 내년에는 결혼해야 하는데 걱정이다.

왕연흠 : 약속다방 미스 김 하고?

표칠성 : 응!

왕연흠 : 앗아라. 티켓다방에서 일하는 여자와 결혼하겠다는 거야?

표칠성 : 나한테 잘해 주는걸.

왕연흠 : 작년에 뱃일해서 번 돈은 화투치기로 몽땅 날리더니 이번에는 기집애한테 쏟아부을 작정이야? 칠성이 너 벌써

선금 당겨·쓴 게 이백만원이 넘는다며?

표칠성 : 사돈 남 말하고 있네. 너는 자식아 지난 5년간 모은 돈으로 장사한다고 서울 떠나더니 몽땅 사기 당했잖아. 너는 남의 말을 너무 잘 믿는 게 탈이야. 저 자식도 조심하라구. 열 길 물 속은 알아도 한길 사람 속은 모르는 거야.
(이재식과 오의환 갑판에 식사 준비를 한다.)

이재식 : 자! 밥 먹고 합시다(오의환에게) 어이, 선장님 내려오시라고 하쇼.

표칠성 : 갑장님 한잔 하셔야죠? (막 소주를 사발에 가득 부어준다.)

박창만 : 그럼 이 맛에 배 타는겨. 크앗! 조오타! (술잔을 돌린다. 오의환에게 술잔을 권하며) 자네도 한잔 하지 그랴?

오의환 : 아닙니다. 저 술 못합니다.

이재식 : 유별나다니까.

왕연흠 : 신학생이잖아.

표칠성 : 로마에 가면 로마법을 따르는 거야. 예수쟁이들은 너무 고지식 하다니까.

오의환 : 죄송합니다.

선　장 : 죄송할 거는 없고 밥이나 든든히 먹어. 일이 고되니까.

박창만 : 선장, 이번에 그물 친 곳은 괜찮겠나?

선　장 : 그동안 잘 잡히던 곳이 씨가 말라버렸으니 지푸라기라도 잡는 심정으로 내려봤어요.

박창만 : 요새 걱정이여. 서울로 대학공부 간 아들녀석 등록금도
　　　　마련해야 하고 딸년도 눈이 맞아서 시집 간다고 야단법
　　　　석인디 만선은 고사하고 품삯도 건지지 못한 지가 벌써
　　　　여러 날이야.

표칠성 : 형님! 요새 뭐에 씌인 것 아니요? 예전에는 고기가 있는
　　　　곳을 쪽집게처럼 집어내어 그물을 치더니 요새는 물고기
　　　　새끼 하나 제대로 안걸리니.

선　　장 : 나도 답답해.

이재식 : 돼지머리 사다가 고사라도 지내보죠.

왕연흠 : 너 돼지머리 고기 먹고 싶어서 그러지?

이재식 : 님도 보고 뽕도 따는 거지. 요새 벌이가 시원치 않아서
　　　　그런지 고기 먹어본 지도 오래 되었잖아. 통 속이 허해서
　　　　일을 할 수가 있어야지.

박창만 : 재식이 말이 맞아. 우리네 같이 힘든 뱃일을 하는 뱃사람
　　　　들의 뱃속에다가는 가끔씩 비계 덩어리를 넣어 줘야지
　　　　기운을 쓰는겨.

선　　장 : 그래 용왕님께 고사라도 지내야겠다.
　　　　（모두들 식사를 마친 후 갑판을 청소한다.）

표칠성 : 자! 갑판창소 합시다.

왕연흠 : 의환아 갑판 청소는 깨끗하게 해야 돼.
　　　　（배에서 나오는 쓰레기를 모두 바다로 던진다.）

오의환 : 연흠아 쓰레기를 모두 바다에 버리니?

왕연흠 : (당연하다는 듯이) 응!

오의환 : 바다에 마구 버리면 어떻게 하니?

왕연흠 : 그럼 어디에다 버려?

오의환 : 쓰레기 봉지에 모아 두었다가 뭍에다 버려야지.

왕연흠 : 뱃놈들은 이렇게 해. 야— 너무 따지지 말자.

오의환 : 그래도 그렇지 이 바다는 어부들의 생활터전이잖아. 그런데 바다를 쓰레기장으로 만들어 버리면 고기가 살 수 있겠니?

왕연흠 : 그건 그런데… 여태까지 이렇게 했었고, 아무런 문제도 없었어.

오의환 : 요새 고기가 안잡힌다며?

왕연흠 : 그거야 그물 놓는 곳을 잘못 선택해서지 너두 생각해봐. 이 넓은 바다에 쓰레기 조금 버렸다고 금방 바다가 더러워지겠어. 또 파도에 밀려서 멀리 떠내려 가버릴텐데 너무 심각하게 생각하지마라. 너도 곧 익숙해질거야.

오의환 : 이해를 못하겠구나. 이 바다로 생계를 이어가는 사람들이 바다를 망치다니…
(어부들 계속해서 바다에 오물을 투척한다.)
(갑판 청소가 끝나자 둘러앉아 잡담을 나눈다.)

박창만 : 어째 구름이 흘러가는 모양새가 심상치 않네 그려.

이재식 : 물결도 잔잔하고 바람 하나없이 고요하기만 한데요 뭐.

표칠성 : 모르면 잠자코 있어. 태풍전야 라는 말 몰라? 원래 태풍이

불기 전에는 모든 것이 고요한 거야.

왕연흠 : 일기예보에서 지금 태풍이 제주도 먼 바다에서 북상중이라 했는데…

이재식 : 뭐야 태풍이라고? 그럼 빨리 귀항해야지.

표칠성 : 소란 떨지마. 그물 걷어서 가도 늦지는 않아.

오의환 : 그래도 심상치가 않네요.

박창만 : 심상치 않긴 하지만 그물 걷어 가지고 돌아갈 시간은 충분할겨.
(뱃고동이 길게 세 번 울린다.)

표칠성 : 자! 빨리 그물 끌어 올릴 준비하자고.

박창만 : 싸게 싸게들 움직여.
(어부들 갑바와 토씨를 착용하고 장갑을 낀다. 멀리 부표가 나타나자 표칠성이 갈고리를 들며)

표칠성 : 앞잡이는 나와 연흠이가 하고 유아는 재식이가 아바는 갑장님이 맡아 주세요. 신참 자네는 꼬챙이 들고 티 따다가 재식이와 교대해.
(선수에 서서 큰 소리로 항해실을 향하여)
아시탕(후진)! 아시탕! 스톱! 좌현 15도 고(전진)! 고! 고! 오케이!
(갈고리로 부표를 낚아채고 그물을 끌어올리기 시작한다. 한참을 끌어올려도 불가사리와 잡동사니 쓰레기들만 그물에 걸려 올라온다. 조금 전에 버렸던 찢어진 장화도 걸려 있다.)

완전히 헛다리 짚었구만. 선장 도대체 왜 이러는 거야.

왕연흠 : 정말 미치겠네.

이재식 : 아휴!

박창만 : 이러다가도 만선하는 경우도 있으니까 참아들 봐.

표칠성 : 싹수가 노랗잖아요.(오의환을 보며) 티 따가지고 갑판에 그대로 놔두면 어떻게 해! 빨리 바다에 버려!

오의환 : 이거 조금 전에 버린 장화인데 벌써 그물에 걸려 올라 왔어요. 그런데 또 버려요?

표칠성 : 버리라면 버리지 말이 많아! 재식아 저 신참하고 자리 바꿔. 신경질 나 죽겠는데 별게 다 신경 건드린다니까.

이재식 : 어이 형씨, 유아 잡아요.(유아 잡는 법을 가르쳐 준다.) 이거 이런식으로 빨리빨리 잡아 주어야 해요. 내일 또 써야 되는 그물이니까.
(오의환 열심히 하지만 작업 속도에 뒤쳐진다.)

표칠성 : 굼벵이가 따로 없어.

왕연흠 : 왔다! 왔어! 뭔가 묵직한 게 걸렸어.

표칠성 : 빨리 끌어 올려!
(낑낑 거리며 끌어 올렸는데 커다란 거북이가 걸려 올라 온다.)

이재식 : 야! 거북이다. 꽤 돈이 되겠는데.

박창만 : 아서. 거북이는 용왕님 신하인께 잘 대접해서 바다로 돌려

보내야 하는겨.

표칠성 : 재식아, 아까 먹다 남은 소주하고 밥 좀 가지고 와라.

이재식 : 왜?

표칠성 : 잔말말고!

이재식 : (턱짓으로) 어이, 형씨 빨리 갖고 오쇼.
(오의환이 밥과 술을 가지고 오자 어부들 거북이 입을 억지로 벌려서 술과 밥을 먹인다.)

박창만 : 좋은 징조여. 이제 용왕님 신하인 거북이에게 술과 밥을 잘 대접해서 바다로 돌려 보내면 오늘은 틀림없이 만선 할껴.
(열심히 밥과 술을 거북이에게 먹인 후 바다로 돌려 보낸다.)

이재식 : 거북아 잘가! 가서 용왕님께 안부 전하고 고기 많이 잡을 수 있게 말씀 잘 드리거라.
(호들갑을 떨며) 야! 거북이가 내 말 알아들었나봐. 자꾸 뒤돌아 보잖아.

왕연흠 : 웃기고 있네.
(오의환은 고개를 절레절레 흔든다.)

박창만 : 일들 하자고 태풍이 올라 온다니께 싸게싸게 움직이자 고.

표칠성 : (항해실을 향해 큰 소리로) 고우! 고우!
(사이) (그물을 다시 끌어 올린다.)

왕연흠 : 왔구나! 왔어!
　　　　(고기 한 마리가 그물에 딸려 온다.) 자! 이제 개시했으니 오늘은 만선이다! 얼쑤!

이재식 : 거봐. 벌써 효험이 나타나잖아. 거북이가 내 말귀 알아들은 것이 확실해.

왕연흠 : 또 온다.
　　　　(어부들 열심히 그물을 잡아 당기지만 가뭄에 콩나듯 고기가 걸려 있다.)

표칠성 : 한망간이나 걷어 올렸는데 겨우 여섯 마리야? 미치겠군.

이재식 : 저녁 찬거리도 안되겠다.

박창만 : 옛날 선장이 아니여. 예전엔 그물 놓는 실력이 신통방통 했는디.

오의환 : 제 생각에는 바다에 쓰레기를 자꾸 버리니 환경이 오염되어 어족이 줄어드는 것 같아요.

표칠성 : (불가사리를 던지며) 너 지금 뭐라고 했어. 니가 뭘 안다고 나서. 저자식을 그냥!

왕연흠 : (표칠성을 막아서며) 야! 칠성아 참아라! 우리는 한배를 타고 있는 사람들이라고.

표칠성 : 저자식이 불난집에 부채질하잖아!

오의환 : 그럴 생각은 아니었는데 미안합니다.

표칠성 : 혹시 저 예수쟁이가 배에 타는 바람에 부정탄 거 아니야.

박창만 : 그럴 수도 있겠지. 용왕님이 노하신 게 아닌지 몰러.

이재식 : 그렇다면 저녀석이 재수없는 놈이네.

왕연흠 : 그런 억지가 어디 있어!

선　　장 : (얼굴을 내밀며)왜이리 소란스러워! 빨리 다른 그물 끌어 올릴 준비나 해.

표실성 : 형님! 노대체 고기 여섯 마리가 뭡니까? 나 이대로는 더이상 일 못해요. 내일부터 이 배 안탑니다. 내 의리가 있어서 그래도 계속 탈려고 했는데 저런 예수 나부랭이가 타서 감내라 대추내라 하니까 속이 뒤집혀요.

선　　장 : 핑계대지 말고 솔직히 말해. 너 덕진호에서 웃돈 준다니까 혹해서 그러는 거지.

표칠성 : 아니예요. 이 표칠성이를 어떻게 보고 하는 소리요. 이 뱃놈 표칠성이 다른 건 몰라도 의리가 뭔지는 아는 놈이요.

선　　장 : 됐다. 그 얘기는 나중에 뭍에서 하기로 하고 빨리 그물 올릴 준비나 해.
　　　　　(배의 엔진 소리가 커진다.)

표칠성 : 저기 부표가 보인다! 우현 30도로 고! 고! 아시탕!

이재식 : 어 빗방울이 떨어지네.

왕연흠 : 하늘도 시커멓게 변했어.

박창만 : 아까부터 파도가 나기 시작했어.

오의환 : 돌아가야 하지 않겠습니까? 태풍이 다가오나 본데요.

표칠성 : 말 되는 소리나 해! 아까 너 때문에 그물을 한망간이나
        손해를 입었는데 또 그물을 버리고 돌아가자고?

박창만 : 그물만 빨리 걷어서 돌아가자고.
        (바람이 험해지고 파도가 세차게 친다.)

표칠성 : (**빠**른 동작으로 부표를 낚아채고 그물을 끌어 올리기 시
        작한다.) 달래 우리가 뱃놈인감. 이런 험한 바다와 맞서
        싸우니까 뱃놈인거지.

왕연흠 : 암! 지금 돌아가면 손해가 얼만데.

이재식 : 그렇지만 저 성난 파도가 무서워!

박창만 : 허어! 이러다 뭔일 나는 게 아닌지 모르겠네.
        (파도가 갑판 위로 넘어온다.) 거세진 물결 때문에 배가
        제대로 방향을 못잡아 그물이 쉽게 올라오질 않는다.)

표칠성 : (목이 터져라) 재식아! 너도 그물 잡어! 모두 붙어서
        그물을 끌어 올려! (항해실을 향해 큰 소리로) 고! 고!
        고!
        (어부들 필사의 노력을 하지만 점점 일이 어려워져 간다.
        파도는 거세지기만 하고 바람은 깃발을 찢을 듯한 기세다.)

왕연흠 : 칠성아! 그물이 아까 버렸던 그물하고 엉켜서 잘 올라오질
        않아! 칼 갖고 와서 엉킨 그물을 잘라야 해!

표칠성 : 알았어!
        (칼을 가지고 갑판 밖으로 몸을 숙인 채 엉킨 그물을 자르려
        애를 쓴다. 이때 쿵 소리와 함께 거대한 파도가 뱃전을
        때리자 표칠성 바다로 떨어진다.)

왕연흠 : 칠성아!

이재식 : (항해실을 향해)스톱! 스톱! 선장님 큰일 났어요!
(선장이 다급히 내려온다.)

박창만 : 칠성이가 파도에 떠밀려 점점 멀어져 가!

선 장 : 빨리 튜브 가지고 와!
(이때 재빨리 오의환이 튜브를 들고 바다로 뛰어든다.)

왕연흠 : 의환아 위험해!

이재식 : 저 자식이 미쳤어!

박창만 : 같이 죽을려고 환장을 한거.

선 장 : 의환아 힘내! 칠성아 정신 차리고 의환이 쪽으로 헤엄쳐!

왕연흠 : 칠성아 의환이를 붙잡아!
그래 칠성아 튜브 꼭 잡고 있어!
야 재식이 빨리 튜브 줄을 잡아당겨!
(왕연흠과 이재식이 열심히 줄을 잡아 당긴다. 잠시후 표칠성이 기진맥진하여 배 위로 올라온다.)
야! 의환이는?

표칠성 : 몰라. 나한테 튜브 씌워 주고는 손을 놓았어.

왕연흠 : (바다를 향해)의환아 의환아!

선 장 : 의환아 어딨어!

박창만 : 의환이!
(거친 파도소리에 어부들의 애타는 소리는 이내 묻히고

만다.)

왕연흠 : (표칠성의 멱살을 움켜쥐며)이 자식아! 너 살릴려고 저 바다에 뛰어 들었는데 너만 살겠다고 올라와! 이 의리없는 자식아!

표칠성 : 아니야! 나도 정신이 하나도 없었는데 그 자식이 스스로 튜브를 놓았어 정말이야.

왕연흠 : (때릴 듯이 주먹을 올리며)이 새끼가 끝까지 의환이 보고 이 자식이래. 지 생명의 은인을….

표칠성 : 의-의환이가 스스로 손을 놓았어. 정말이야!
(희미하게 소리가 들린다.)

오의환(소리) : 연흠아! 연흠아! 나 좀 끌어 당겨줘.

표칠성 : (벌떡 일어서며)너도 들었지. 의환이 목소리야!

왕연흠 : 그래 분명히 들었어!

오의환(소리) : 빨리 줄을 잡아 당겨

이재식 : 줄이 어디 있지.

박창만 : 이거다!

선　장 : 빨리 잡아 당겨!
(모두 힘을 합쳐서 줄을 잡아 당긴다. 오의환 허리에 줄을 묶은채 갑판 위로 올라오자 물을 토하며 정신을 잃는다.)

선　장 : 인공호흡!

왕연흠 : 내가 하지.

표칠성 : 아니 내가 한다.
(오의환의 코를 쥐고 인공호흡을 시작한다. 반복된 인공호흡으로 의식을 되찾자 오의환을 껴안으며)
의환아 정말 고맙다. 넌 생명의 은인이야.

오의환 : 고맙긴 니 몸은 괜찮니?

왕연흠 : 끝까지 남 걱정이네.

선　장 : 언제 허리에 줄을 감아 났었어. 그렇게 급박한 시간에?

박창만 : 의환이 다시 봤어. 어디서 그런 용기가 생긴겨?

이재식 : 이제보니 너가 진짜 뱃놈이구나.

선　장 : 암! 그렇구 말구!

F. O

F. I

표칠성 : 지금까지 보신 연극이 우리를 변화시킨 작은 사건이었습니다. 그 후에 의환이는 신학대학을 졸업하고 목사 안수를 받고서 우리 어촌에 개척교회를 세웠지 뭡니까. 그러니 조인호 선장님을 비롯해서 우리 뱃놈들이 교회에 안다닐 수가 있습니까. 처음엔 교회에 다니는 것이 쑥스럽고 낯이 간지럽더라구요.
하지만 의환이는 진짜 뱃놈이거든요. 우리는 고기를 낚는 어부였지만 의환이는 사람의 마음을 낚을 줄 아는 진정한 어부였습니다.
자— 다시 연극을 시작했던 현재로 돌아가겠습니다. 배가 출항했을 때는 과거였지만 다시 귀항할 때는 현재로 돌아가서 귀항하겠습니다.
(뱃고동 소리가 길게 다섯 번 울린다.)
저기 방파제에 오 목사가 손을 흔드는군요.
(오 목사를 향해 손을 흔든다. 배가 방파제에 도착하면 사다리를 내려준다. 오의환 목사, 어부들과 같은 작업복 차림으로 성경책을 가슴에 안은 채 갑판 위로 올라온다.)

오의환 : 할렐루야!

어부들 : 할렐루야!

왕연흠 : 오 목사 오늘도 만선이야.

오의환 : 방파제에서 만선을 알리는 뱃고동 소릴 들었어. 내가 준 쓰레기 봉투는 어딨어?

왕연흠 : 쓰레기 하나도 바다에 안버리고(꽉찬 쓰레기 봉지를 들어
       보이며) 이렇게 담아왔어.

선　　장 : 우리 오 목사 기도는 신통하단 말이야.

박창만 : 정말 신기혀. 오 목사의 기도만 있으면 항상 만선이라니까.
       잡은 고기 때문에 배가 가라앉을 지경이여.

이재식 : 나는 진작에 알았다니까요.

어부들 : 웃기고 있네!
       (모두들 유쾌하게 웃는다.)

오의환 : 제 능력이 아니고 위대하신 하나님의 권능입니다.

표칠성 : 오 목사 너는 어부중에 최고의 어부야!

오의환 : 아니, 최고의 어부는 우리의 영혼을 낚으시고 구원하신
       예수님이셔.

　어부들 저마다 오 목사 말에 맞장구치며 음악이 흐르면서 서서히
막이 내린다.

하늘에 비친 나리시소스

▼
▼
▼
▼
▼

"우리가 선을 행하되
낙심하지 말지니
피곤하지 아니하면
때가 이르매 거두리라

－갈라디아서 6장 9절－

■ 작품 해설

이 작품은 선교극단 브니엘을 모델로 그려낸 작품입니다.
브니엘을 통해 성극 공연활동을 하면서 느낀 감정과 생각들을 담았습니다.
실제로 제가 몸 담고 있는 브니엘은 아름다운 신앙과 영혼을 가진 단원들로 이루어져 있습니다.
소속교회와 직업들이 서로 다르지만 자신의 달란트로 하나님 사업에 일익을 담당하고자 어려운 여건과 현실 가운데 때로는 합심하여 기도하고 때로는 서로를 격려하고 위로하는 주님의 자녀들입니다.
현재 활동중인 단원들은 14명이며 이 외에도 목회자 길을 걷는 단원들, 결혼 때문에 활동을 중단한 단원들, 그리고 브니엘을 거쳐 일반극단에서 활동하는 단원들이 10여명 더 있습니다.
안타까운 일은 성극배우로 경제적 문제만 해결할 수 있다면 성극에만 전념하고 싶어하는 단원들이 많으나 현실이 그렇지 못하다는 것입니다.
그러나 브니엘 단원들은 협력하여 꿈과 소망을 주님의 뜻 안에서 이루도록 하겠습니다.
브니엘은 극단으로서의 역할뿐만 아니라 신앙 공동체로서의 역할도 충실히 하고 있는 단체입니다.
이 작품을 읽으면 성극에 대하여 공연 연습과 준비 과정에 대하여 실제로 성극을 준비하시는 분들에게 많은 도움이 될 것입니다.

하늘에 비친 나르시소스

∙
∙
∙
∙
∙
∙

때 : 현재
장소 : 극단 연습실

등장인물
연출자(극단대표)
미경(배우 1)
문정(배우 2)
희정(배우 3)
수진(배우 4)
경아(배우 5)
신호(배우 6)
재상(배우 7)
태웅(배우 8)
옥선(배우 9)

막이 오르면 생일케이크 초에 불이 하나씩 섬화된다.
　단원들이 두 손을 모두어 생일을 맞이한 희정이 쪽으로 향하고 생일축하곡으로 "축복송"을 부른다.

　　때로는 너의 곁에
　　어려움과 아픔 있지만
　　담대하게 주를 바라보는 너의 영혼
　　너의 영혼 우리 볼 때
　　얼마나 아름다운지
　　너의 영혼 통해 큰 영광 받으실
　　하나님을 찬양 오 - 할렐루야.

　박수소리, 폭죽 터지는 소리와 함께 희정이가 촛불을 단숨에 끈다. 무대가 밝아온다.

문　　정 : (선물을 주며)언니 생일 축하해요.

희　　정 : 어머 고맙다. 이게 뭘까?

문　　정 : 귀걸이에요. 언니 마음에 들지 모르겠어요.

희　　정 : 너무 예쁘다. (귀걸이를 착용하며)예쁘지!

미　　경 : 야! 돼지가 진주목걸이 했다고 선녀 되냐. (웃음)이거 내 선물이야.
　　　　　(모두 선물을 준다.)

연출자 : 이런 거 선물해도 괜찮지?

수　　진 : 뭔데요?

연출자 : 스타킹 2개야. 선물이 약소해서 미안하다. 그 대신에 고탄력 팬티 스타킹으로 사왔어.

신　호 : 야하다 야해.

경　아 : 둘이서 언제부터 그런 사이지 엉큼하게.

미　경 : 맞아. 저번에 연출오빠 생일때 희정이가 빨간 줄무늬 팬티와 파란 줄무늬 팬티 한세트 선물했었잖아. 그러면서 빨간색 입는 날은 파란 넥타이 매고, 파란색 입을 땐 빨간 넥타이 하세요. 아마 그랬지?

옥　선 : 그럼 오늘은 파란 넥타이이깐 빨간색 팬티 입으셨겠다.

신　호 : 야하다 야해.

재　상 : 신호형 부러워서 그러죠? 미경이 있잖아요.

미　경 : 언짢네 언짢어!

수　진 : 경아야 너는 선물 없니?

경　아 : …….

희　정 : 괜찮아 경아야.

연출자 : 가난하기로 따지만 경아하고 나하고는 막상막하니까 내가 선물한 스타킹 중에서 하나는 경아가 선물한 걸로 하자.

경　아 : 그래요 난 가난뱅이에요. 연출자님은 내 생일날 그냥 지나가고선…….

연출자 : 그랬나? 미안하다.

경   아 : 쳇!

신   호 : (어색한 분위기를 의식하며) 오늘 신입단원 오기로 했죠.
          첫날부터 군기가 빠졌네.

문   정 : 연출자님 오늘 배역 정해 주신다고 했죠?

미   경 : 너는 막내라 주인공은 고사하고 배역도 없을텐데 밝히기는.

수   진 : 언니! 길고 짧은 건 대봐야지 알죠. 막내라고 주인공
          못하라는 법 있어요?

미   경 : 이건 하극상이야.

옥   선 : 이건 하극상이 아니예요. 극중 성격이나 외모 등을 고려
          해서 가장 적당한 사람을 캐스팅하는 것이 옳다고 봐요.
          캐스팅을 극단 서열 순서로 정하는 건 부당해요.

연출자 : 옥선이 말이 옳다.

신   호 : 그러나 경험이 풍부한 선배들을 무시해서는 안되지.

연출자 : 그건 신호씨 말이 옳아요.

옥   선 : 선배들을 무시하자는 얘기가 아니잖아요.

연출자 : 두 사람 말이 다 옳은 말이다.

경   아 : (혼잣말로)이 사람도 옳다 저 사람도 옳다. 황희 정승이
          따로 없네..
          (노크 소리와 함께 한태웅 등장한다.)

태   웅 : 여기가 선교극단 브니엘이죠? 미안합니다. 찾기가 힘들

　　　　　 어서 좀 늦었습니다.

연출자 : 그렇지 않아도 기다리고 있던 중입니다. 이리로 앉으시지요.

미　　경 : (희정이를 보며)야— 남자단원이다 오늘은 칠삼년 생이라고 해야지.

희　　정 : 애는…

미　　경 : 문정아, 오늘은 너하고 나하고 동기다.

재　　상 : 그럼 내가 오라버니네.

미　　경 : 끼악— 까불고 있어.(태웅에게) 찾기가 힘들었어요?

태　　웅 : 예!

미　　경 : 그게 뭐가 힘들어요. 내가 얼마나 자세하게 가르쳐 주었는데.

희　　정 : 어떻게?

미　　경 : 일단 45번 버스를 타고 종점을 돌아서 제일은행 앞에 하차해라. 그럼 건널목이 있을 것이다. 건널목을 지나면 전봇대가 보이는데 거기서 15번째 전봇대 옆으로 돌아가면 약국이 있고, 그 약국 오른쪽으로 돌아서 다시 왼쪽으로 그 다음에 오른쪽 골목으로 돌아서면 슈퍼가 있고, 오른쪽으로 끼고 돌다가 왼쪽에 보면 쓰레기통이 있는데 거기서부터 열두번째 집 좌측으로 보면 십자가가 보일테니 거기서 부터는 알아서 찾아오라고 했지 뭐. 이 정도면 잘 가르쳐준 거 아니야? (어깨를 으쓱인다.)

재　　상 : 너는 문제가 있어.

연출자 : 자— 그동안 남자단원이 귀했는데 우리가 합심해서 기도한 결과인지 귀한 형제님이 오셔서 얼마나 감사한지 모르겠어요. 먼저 신입단원이 자신을 소개한 후에 문정이부터 인사 나누도록 합시다.

미　　경 : (일어서며)지금부터 신입 죄수 신고식을 거행하겠습니다. 신입 죄수 앞으로!

옥　　선 : 언니 시나브로 연습 아니예요.

재　　상 : 아직도 지난번 공연작품에서 헤어나질 못하고 있어.

희　　정 : 젠 사기범이 체질화 되었다니깐.

태　　웅 : 제 소개를 시작하겠습니다.
　　　　　이름은 한태웅입니다. 베드로 신학대학을 졸업후 대학원에 진학하여 공부하고 있습니다. 그리고 갈릴리 교회 학생회 교육전도사로 일하고 있습니다.
　　　　　저는 앞으로 목회자의 길을 걸어야 하는데 신앙교육과 예배 프로그램의 다양한 변화를 위해 성극에 깊은 관심을 가지고 있습니다. 그러나 선교극단이 그리 많지 않더군요. 다행히 주님이 인도하셔서 브니엘을 알게 되었고 이렇게 여러분과 만나게 되었습니다. 잘 부탁합니다.

수　　진 : 몇년생이세요?

태　　웅 : 66년 말띠입니다.

미　　경 : 제일 중요한 질문인데요 결혼하셨어요?

태　　웅 : 아직 미혼인데요.

미　　경 : (희정이를 보며) 아직 총각이래.

신　　호 : 나 입단할 때도 이랬다니까.

태　　웅 : 더 묻고 싶은 거 있으면 질문하세요.

미　　경 : 총각이란 거 알면 됐어요.

연출자 : 문정이부터 소개할까?

문　　정 : 저는 브니엘 막내고요. 이름은 최문정이고 신덕교회 출석하고 있어요.

옥　　선 : 저는 김옥선이라고 해요. 숙명여자대학교 무역과 4학년에 재학중이고 연희교회 다녀요.

미　　경 : 대학 못나온 사람 서러워 살겠나.

신　　호 : 반갑네요. 저도 66년생입니다. 앞으로 친하게 지내요. 이름은 손신호예요.

연출자 : 우리 손신호 형제는 대전에서 연극활동 하다가 뒤늦게 공부하려고 서울에 올라와서 현재 연극영화과 2학년에 재학중입니다. 다음은 희정이.

희　　정 : 전 최희정이예요. 창대교회 다니고 있고 또 뭐가 있더라…

미　　경 : 에벤에셀!

희　　정 : 아! 에벤에셀 신원통상에 근무하고 있어요.(두 손가락으로 경례를 하며) 씨-!

미 경 : 못말려. 음! 음! 저는요 73년생 금미경이라고 해요.

신 호 : 믿지 말아요. 남자단원만 들어오면 써먹는 상투적인 수법이에요.
(미경, 눈을 흘긴다.)

재 상 : (목소리를 깔며)저는 김재상입니다. 미경이랑 같은 68년생이고요. 입단한 지 두 달밖에는 안돼요. 반갑습니다. 앞으로 전도사님으로 깍듯이 모시겠습니다.

태 웅 : 그러지 마세요. 그냥 동등한 단원으로 아니 저는 연극에 있어선 풋내기니깐 부담없이 대하세요.

경 아 : (쌀쌀한 어투로) 김경아예요.

수 진 : 그게 다야?

경 아 : 응!

수 진 : 저는 김수진이구요. 청파교회에 다녀요. 제 꿈은 일본에 가서 선교하는 것이에요.

경 아 : 누가 물어 봤어?

연출자 : (사이)예-,·저는 그냥 뒤에서 여러 가지 일을 합니다.

경 아 : 대개 겸손한 척 하시네.

연출자 : (얼굴을 붉히며)겸손한 척 하는 게 아니라… 그만 두자.

미 경 : (어색해진 분위기를 의식하며) 자! 환영하는 의미에서 박수! 다시 박수!

연출자 : 환영합니다.
　　　　우리 극단은 보시다시피 단원들도 젊고 저 또한 젊습니다. 그래서 해야 할 일들이 무척이나 많고 성장 가능성이 무한합니다.
　　　　성극이 기독교 문화중에서 가장 낙후되어 있는 분야이기 때문에 우리가 개척해야 한다는 선구자적 사명감이 필요합니다.
　　　　브니엘의 모토는 기독교 연극의 자존심을 회복하는 것입니다.
　　　　(모두 지겨워 한다.)
　　　　제 개인적인 생각으로는 연극이라는 분야에서 만큼은 아직까지 하나님의 영광을 가리우고 있다고 생각해요.
　　　　기독교 연극의 자존심 회복이란 하나님의 위대하신 예술성과 영광을 나타내는 작업이며 아울러 선교의 사명을 감당하는 길이라고 생각합니다.

경　아 : 지겹다 지겨워.

미　경 : 십팔번 아니냐? 창단멤버인 나는 오죽 하겠니. 신입단원 들어올 때마다 읊어대는 저 소리가 이젠 귀에 못이 박혔다.

연출자 : (쑥스러운듯) 그럼 오늘의 본론으로 넘어갈까? (봉투에서 대본을 꺼내며) 배역을 발표합니다. (미경은 자기가 주인공은 당연하다는 듯이 들떠한다) 조용히 해요. 우선 남자 배역부터…

옥　선 : 남자들은 좋겠다. 신입단원 빼고 두 명이니까 무조건 캐스팅 되겠네.

수 진 : 그러게 말이야. 지구에 반은 남자고, 지구에 반은 여잔데 왜 우리 극단은 불균형 한거야.

재 상 : 우리 극단만 남녀비율에 문제가 있는 게 아니라 한국교회 전체가 남녀비율이 불균형이야. 나도 남자지만 부끄럽게 생각해.

신 호 : 이렇게 볼 수도 있어. 우리 나라 여자들은 옛날부터 초자연적인 힘에 의존하는 소극적이고 의타적인 삶을 살아왔고…

옥 선 : (말을 가로채며)여자들을 그렇게 만든 건 뿌리깊은 남존여비 사상과 한을 품고 살 수밖에 없었던 역사적인 상황이 맞물려…

연출자 : 됐어요. 말 가로채서 미안한데, 배역 발표하는데 갑자기 남존여비는 뭐고 역사적 상황은 뭐야.

옥 선 : 신호 오빠가 먼저 여자는 옛날부터 어쩌고 저쩌고 시작했어요.

경 아 : 누가 대학생 아니랄까봐 맨날 따지고 들기는.

연출자 : 모두들 진정하고 배역 발표할께. 의사역에 손신호!

경 아 : (혼잣말로) 의사가 다 죽었다.

연출자 : 영훈역에 김재상. 다음엔 여자 배역. 정신병자 A에 김경아. (모두 웃는다)

경 아 : 흥!

연출자 : 정신병자 B에 김옥선, 정신병자 C엔 최희정.

희　　정 : 야호!

미　　경 : 정신병자 C도 배역이라고 좋아하긴. 나 봐라 아직까지 내 이름 안부른 거 보면은 주인공 은숙역은 따논 당상이라구.

연출자 : 음! 그리고 정신병자 D역에는 금미경.

미　　경 : 뭐라구요! 은숙역 나한테 안주는 거예요? 내가 자신 있다고 몇 번이나 전화했어요. 해도 너무한다. 주인공은 그렇다 치고 정신병자 ABCD중에서 D라구요? 창단멤버를 이렇게 괄시해도 되는 거예요?

연출자 : 정신병자 D역은 비록 작은 역할이지만 너한테 아주 어울리는 역이야. 그리고 미경이한테도 문제가 있어.

미　　경 : 무슨 문제?

연출자 : 넌 너무 끼에만 의존하고 자기 개발과 연기 공부를 등한시 했다고는 생각하지 않니? 그리고 지난 번 공연에는 하도 보채서 주연 맡겼더니 완전히 망쳤잖아. 난 두 번 다시 미스 캐스팅 하긴 싫다.
다음 은숙역엔 최문정! 문정이가 어리긴 하지만 역의 이미지와 신체적인 조건이 가장 어울려서 캐스팅한 거야. 그리고 수진이에게 미안한데 다음에 기대해 보자.

수　　진 : 전 아직 미흡한 점이 많아요. 이번 기회에 열심히 공부할께요.

연출자 : 이해해 주어 고맙다.

좋은 연극이란 서로의 희생정신이 필요한 거야. 주연이 있으면 조연도 있고, 단역도 있는 거지. 전부 주연만 할 수는 없는 거잖아. (대본을 나누어 주며) 각자 주어진 인물을 철저히 분석하도록 해.

F. O

F. I

미경과 경아 무언가를 심각하게 이야기 하고 있다.

미　경 : 그 말이 사실이니?

경　아 : 언니는 눈치도 없어요? 생각해 보세요. 문정이에게 연속해서 중요한 배역을 맡긴 게 그냥 있을 수 있는 일이 아니잖아요.

미　경 : 무슨 흑막이 있을 거라고는 생각했지만……

경　아 : 연출자가 문정이에게 주연을 준 이유로 신체적인 조건을 들었는데 솔직히 언니하고 나하고 문정이 하고는 키도 그렇고 몸집도 비슷 비슷 하잖아요.
나야 애시당초 눈 밖에 났으니깐 기대도 안했지만 어디 언니 입장이 푸대접 받을 입장이에요? 창단 멤버에다가 자타가 공인하는 연기력에다가 또 우리 극단에서 가장 인기있는 배우잖아요. 난 이번 기회를 통해 연출자의 속물근성을 알아봤어요.

미　경 : 연출자가 문정이 언니랑 사귀고 있어서 장래 처제감인 문정이를 편애하고 있단 말이지.

문　정 : (등장하며)언니 이 시 들어 보셨어요?
내 생애가 한 번 뿐이듯
나의 사랑도 하나입니다.
나의 임금이여

폭포처럼 쏟아져 오는 그리움에 목메어
죽을 것 같은 열병을 앓습니다.

당신이 아닌 누구도
치유할 수 없는
내 불치의 병은
사랑

이 가슴 안에서 올올이 뽑은 고운 실로
당신의 비단 옷을 짜겠습니다.

이해인 수녀님의 "해바라기 연가"라는 시인데요 너무나 아름답고 순결한 느낌이 들어요.

미 경 : 되게 착한 척 하네. 너 혹시 신데렐라 콤플렉스 있는 거 아니냐?

문 정 : 신데렐라 콤플렉스라뇨?

미 경 : 오- 신데렐라 콤플렉스가 뭐냐? 바로 너같이 옷도 공주처럼 입을라 그러구. 괜히 착한 척 하고 고귀하고 순결한 모습처럼 보이고 싶어서 안달하는 일종의 정신병이지.

문 정 : 제가 정신병 환자라는 거예요?

미 경 : 아마 연출자가 너의 그런 증세를 알고 정신병자 중에서도 주인공인 은숙역을 너에게 맡겼나 보다. 이제보니 네가 아주 적역이야. 연출자는 역시 능력과 안목이 있어.

문   정 : 설마… 언니 괜히 놀리시는 거죠?

미   경 : 경아야 내가 놀리는 거냐?

경   아 : 아니요?

미   경 : 난 진실만을 얘기하는 사람이야.
(문정 울먹이는데 다른 단원들 등장한다.)

신   호 : 연출자님 이거 매일 컵라면으로 저녁을 때워야 합니까?
먹는 게 시원치 않으니까 힘있게 대사도 못치겠어요. 요새 뱃심이 너무 없어.

재   상 : 똥배나 집어 넣고서 얘기해요.

신   호 : (숨을 들이마시며) 똥배가 어댔다고 그래.

옥   선 : 신호 오빠 별명은 배너(벤허)로 해야겠다.

수   진 : 배둘레헴(베들레헴)도 있어.

연출자 : (웃다가 문정이를 보며) 문정아 왜 그러니? 기분 나쁜 일이라도 있어?

미   경 : 역시 장래 처제라 신경을 많이 쓰는군.

연출자 : 무슨 말이야. 장래 처제라니?

미   경 : 아닌 땐 굴뚝에서 연기날까.
(시선을 옮기며) 저녁 맛있게 먹었니?

연출자 : 무슨 일이야?

문   정 : (눈물을 닦으며)아니예요. 아무 일도 없어요. 이제 연습

시작해야죠.(단원들에게 간다)

연출자 : 무슨 일이 있긴 있는데… 요새 분위기가 심상치 않아. 왜 그럴까? (갑자기 큰 소리로) 자! 연습 시작합시다. 오늘부터 블로킹에 들어갑니다. 자— 각자 무대 선에 맞추어 서세요.

수 진 : 기도 안하고 시작해요. 저번에도 안하고 시작했었는데…

연출자 : 아참! 내 정신 좀 봐. 요새 내가 어리버리 하다니까.
(큰 소리로) 기도합시다.
(성의 없는 목소리로) 사랑의 주님 감사합니다. 오늘 저희 브니엘 식구들이 각자 일터에서 열심히 일을 하다가 지친 몸을 이끌고 한자리에 모였습니다.
저희들의 피곤한 몸과 영혼을 사랑의 손길로 감싸 주시고 어루만져 주시옵소서. 이제 연습을 시작하려 합니다. 저희들의 몸짓 하나하나 그리고 대사 한마디 한마디가 모두 살아 움직이게 하여 주시옵소서. 처음 시간부터 마치는 시간까지 모든 걸 주님께 의탁하오며 우리 주 예수 그리스도의 이름으로 기도합니다. 아멘.
음— 블로킹에 앞서서 중간 중간 대사 연습부터 체크하도록 하겠습니다. 우선 희정이부터 내가 어제 지적한 부분 있지?

희 정 : 난 말을 사랑해요. 난 말에 미친 여자예요. 어떤 사람들은 나를 예마부인이라고도 하는데…

연출자 : 애마부인 발음이 잘 안되잖아. 발음을 할 때 모음에다가 더 신경을 써야지 다시 한번 더.

희　　정 : 예마부인

연출자 : 내가 보니깐 '애'할때 '애' 입모양이 정확하지가 않아. 입을 옆으로 자연스럽게 벌리고 숨을 살짝 들이 마시면서 발음을 해야지.

희　　정 : 애! 애!

연출자 : 좋았어 다시 해보자.

희　　정 : 애마부인.

연출자 : 바로 그거야. 계속 연결해서

희　　정 : 애마부인이라고도 하는데 한낱 싸구려 삼류영화의 주인공 정도로 착각하진 마세요. 난 성적인 것에는 관심이 없어요. 그 보다는 짜릿함을 느끼고 싶죠. 난 도박만을 사랑해요. 난 도박의 여왕! 도박의 마술사!

연출자 : 많이 좋아졌어. 다음 옥선이 해보자.

옥　　선 : 수천명의 천군천사들을 이끌고 공중으로부터 재림하시어 나의 손을 꼭잡고 이제 이 세상에서의 고통은 끝났다며 나를 공중으로 들어 올리실텐데. 뭐! 그날이 지나갔어! 이년아 내가 이 지옥같은 세상에서 계속 살길 바래. 이년이 악담을 해!

태　　웅 : 저 연출자님!

연출자 : 네!

태　　웅 : 대사가 좀 심하지 않아요?

연출자 : 심하다니요?

태 웅 : 그래도 명색이 선교극단에서 공연하는 성극인데 욕이 나온다는 게 어째 불쾌합니다.

연출자 : 욕이 나와야 할 상황이면 욕이 나와야죠. 아무리 성극이라 해도 극적 상황에 맞는 대사들을 해야지. 이년아 해야 되는 것을 이분아 이럴 수는 없잖아요.

태 웅 : 그렇긴 하지만 그래도 성극인데…

연출자 : 전도사님 말씀이 무슨 말인 줄은 알겠지만 우리부터 낡은 인식의 틀을 벗어나야 합니다. 그리고 저는 성극이란 말도 못마땅하게 생각합니다. 거룩한 성(聖)자를 써서 성극이라고 하니깐 성극은 무조건 거룩해야 한다는 고정관념이 뿌리 박혀 있어요.
피터 브룩은 『빈 공간』이란 저서에서 연극을 4가지로 구분지었는데 그 중에서 죽은 연극과 성스러운 연극이라는 말이 나와요. 쉽게 말하자면 죽은 연극이란 따분하고 나쁜 연극이란 뜻이고, 성스러운 연극이란 한마디로 살아있는 좋은 연극이란 뜻이지요. 전 성극은 연극적인 측면에서 본다면 죽은 연극이라고 얘기하고 싶습니다.
성극의 패턴은 항상 일정해서 처음을 보면 끝을 알 수 있고 은혜를 억지로 관객에게 강요해서 연극의 예술성을 무시하고 있으니깐 신자들도 성극을 안보죠.

태 웅 : 그렇다고 해서 하나님의 말씀보다도 연극의 재미나 예술성에만 치중해서는 안되지 않습니까?

연출자 : 저는 이렇게 생각합니다.

하나님 말씀은 언제나 최고의 미적 감각을 지닌 예술로 표현되고 있다. 저는 하나님의 말씀과 예술이라는 것을 별개로 생각하지 않습니다. 예술이란 한 마디로 창조 행위인데 하나님이 태초에 말씀으로 세상을 창조하지 않으셨다면 또 하나님의 그런 창조성을 닮은 인간들을 만들지 않으셨다면 우리 인간은 예술행위나 창조행위들을 할 수 없었겠죠.
그러나 대부분의 목회자들이 요구하는 기독교 연극의 형태는 16, 7세기의 낭만주의 시대 연극 형태입니다.

태 웅 : 그래도 어찌 꺼림직 합니다.

연출자 : (얼굴을 붉히며)연극에서의 지휘자는 연출가입니다. 성극이라 해서 연극에 전문적인 지식도 없는 목회자들이 간섭한다면 배는 산으로 올라갈 것입니다. 이 성극은 연출자인 내가 책임을 집니다.

C. O

F. 1

공연 연습 마무리가 진행중이다.

연출자 : 수진아 의상과 소품들은 준비가 되었니?

수　　진 : 환자복, 의사가운 등은 준비가 되었는데 소품이 부족해요.

연출자 : 어떤 소품?

수　　진 : 청진기 같은 의료용품을 아직 구하지 못했어요.

연출자 : 그래. 옆에 김소아과 있지?

수　　진 : 예!

연출자 : 원장님께 내가 보내서 왔다고 하고 좀 빌려오렴.

수　　진 : 원장님이 아는 분이세요?

연출자 : 아니! 아무튼 너가 책임지고 구해와. 나는 신경 쓸데가 너무 많아. (뒤돌아서)문정아! 박완숙씨에게 전화해서 무슨 일이 있어도 무대미술 작업을 내일까지 끝내야 한다고、해라.

수　　진 : 도대체 나더러 어쩌라는 거야. (한숨) 해 보는 데까지는 해 봐야지.(퇴장)

연출자 : 손신호 씨 맨 마지막 다시 맞추어 봅시다. 음향하고 잘 안맞아요. 공연 마지막 부분인데 엉성해서 되겠어요. 재상아 음악이 아까 너무 빨리 들어 왔어. 그런데 음향 담당은 왜 아직도 안오는 거야. 할 수 없다. 재상아 너가

계속해서 음악 맞추어 줘라.
신호 씨 준비됐죠? 시-작!

신　　호 : 소록도로 떠나는 그의 뒷모습을 바라보면서 나는 왠지 부끄러웠습니다. 김은숙 씨는 정신적인 치료가 필요했던 것이 아니라 영혼이 아픈 것이었고, 그 아픈 영혼을 치료받고 싶어 했던 것입니다.
그 영혼을 박영훈 씨가 치료해 주었을까요?

연출자 : 여기서 음악!

신　　호 : 물론 그의 역할도 중요했지만 그들만이 갖고 있는 또다른 어떤 힘이 있는 것 같았습니다.
그것은 신앙의 힘이었습니다.
그들의 영혼 속에 깃들어 있는 신앙의 아름다운 힘!
저도 그 힘을 갖고 싶습니다.

연출자 : 조명 서서히 아웃되면서 음향은 서서히 커지고 막이 내리면 음악도 서서히 작아진다.
이제 음악 아웃. 됐어! 이제 겨우 맞아 떨어지네.
신호 씨 수고했어요. 공연이 3일밖에 남지 않았으니까 컨디션 조절 잘 하십시오.

신　　호 : (머뭇거리며) 저- 드릴 말씀이 있는데요.

연출자 : 뭔데요?

신　　호 : 이제와서 무책임한 얘기지만 저 공연 못할 것 같은데 제 역할 다른 사람으로 교체해 주셨으면 해서요.

연출자 : 못하겠다니 말이 되는 소리입니까? 이렇게 무책임 할 수

있어요?

신　　호 : 죄송합니다.

연출자 : 무슨 이유 때문에 그래요?
출연료가 없어서 그래요? 나도 여태까지 성극 연출해서 연출료 십원 한장 받아본 적이 없습니다. 다른 단원들이 직장 다니고 해서 밥 먹고 사는 걱정 안하지만 대전에서 올라와 사춰하며 학교 다니는 신호 씨에게는 한푼이 아쉽다는 것을 잘 알기 때문에 어떻게 해서든지 이번 공연을 흑자로 만들어서 수익이 생기면 내가 따로 생각하고 있어요. 그런데 이제 와서 출연을 못하겠다니 말이 됩니까?

신　　호 : 돈도 돈이지만 이번 기회를 놓치고 싶지 않아요. 실은 제가 방송국 드라마에 조연으로 캐스팅 되었어요. 야외촬영이 내일부터예요. 저도 인기 탤런트처럼 돈도 벌고 인기도 얻고 싶습니다. 모든 연기자들의 꿈과 희망이지요. 여태까지 이 기회를 잡으려고 얼마나 고생했는지 누구보다도 연출자님이 잘 아시지 않습니까? 저를 좀 이해하여 주십시오.

연출자 : TV 드라마에 캐스팅 되었다니 나도 듣던 중 반가운 소식이네요. 누구보다도 신호 씨 고생하는 게 제일 안타까웠으니까요. 나도 답답합니다. 아휴!

신　　호 : 정말 죄송합니다.

연출자 : 할 수 없죠. 남자 단원이라고는 한태웅 전도사 밖에는 없는데… 시간도 얼마 없고…(한숨)

수   진 : (뛰어들어 오면서) 연출자님 큰일 났어요. 경아가 가출해서 행방불명이래요.

연출자 : (화를 내며) 그 녀석은 끝까지 속을 썩히는 구나. 도대체 어떻게 하자는 거야! 삼일 뒤에는 공연인데. 한 사람 배역 교체하는 것도 큰 일인데. (힘없이 의자에 앉으며) 성극이고 선교고 다 때려 치우자. 내가 이 짓을 한다고 알아주는 것도 아니고 돈이 생기는 것도 아니고 정말 미치겠네.

수   진 : 연출자님 우리 기도해 봐요.

연출자 : 기도만 하면 모든 일이 해결되니? 기도만 하면 뭐든지 다 해결된다면 이 세상에 나쁜 일은 하나도 없을거야. 나도 뭐가 뭔지 모르겠다.

F. O

F. I

공연의 마지막 부분.
한태웅의 독백. 어색하고 굳은 표정으로 대사를 이어간다.
공연의 막을 내리는 음악이 고조 되었다가 작아지면서 관객들의 푸념과 비판의 목소리만 들려온다.

소 리 A : 이것도 연극이라고…
　　　　혹시나 해서 보았더니 역시나야. 성극은 할 수 없어!

소리꾼 : 성극은 정말 유치해. 돈이 아깝다 아까워!

소 리 C : 선교극단 브니엘도 갔다 갔어. 은혜도 없고 감동도 없어.
　　　　모든 게 형편 없어!

텅빈 무대에 연출자 앉아 있다.
텅빈 객석을 응시하다가 담배를 꺼내 든다. 불을 붙이려 성냥을 찾지만 찾지 못한다. 미경 등장한다.

미　　경 : (담배를 응시하며) 오빠 언제부터 담배 배웠어요?

연출자 : (힘없이) 며칠 안됐어.

미　　경 : 난 힘이 들 때마다 하나님께 매달리던 오빠의 모습이 좋았는데….

연출자 : 그랬니?

미　　경 : 오빠 미안해요. 내가 너무 철없이 굴어서…

연출자 : (사이) 아니야.

미　경 : 난 자꾸 옛날이 그리워요.

연출자 : 그래?

미　경 : 9년 전에 오빠하고 나 그리고 은자, 유경이, 미애 이렇게 다섯 명이 의기투합 했었죠.

연출자 : 그땐 순수한 열정이 있었어.

미　경 : 유경이는 시집 갔고… 참 그저께 전화 왔어요. 공연 보러 올려고 했는데 출산일이 가까워서 못온대요.

연출자 : 벌써 그렇게 됐나?

미　경 : 미애는 공부하러 미국으로 유학가고…

연출자 : 결국 너하고 나 이렇게 둘만 남았구나. (사이) 은자가 떠난 지 얼마나 지났지?

미　경 : (글썽이며)일 년 조금 더 됐어요. 은자만 있었어도 이렇게까지는 안되었을텐데…

연출자 : 은자가 없으니 기도 모임도 끊겼지? 그때는 정말 아름다웠지. 서로가 사랑했었고 이해해 주고 기도해 주고 브니엘 식구 사이에는 담도 없고 비밀도 없었지.

미　경 : 그때나 지금이나 라면 먹기는 마찬가지였지만 모이면 즐거웠고 신이 났었는데…
(미경 연출자 손에 있던 담배를 빼앗아 휴지통에 버린다.)

연출자 : 은자가 보고 싶구나. 우리 내일 산소에 성묘 가자꾸나.

미 　 경 : 우리 창단공연 작품 생각나세요?

연출자 : 그럼. 그 때는 배우가 부족해서 내가 연기도 했었지. 난 사탄 루시퍼 역이었고 미경이는…

미 　 경 : 제비족 악마 역이었어요. 남자가 없어서 내가 남장하고 나왔었죠.

연출자 : (웃으며)그래 아주 유들유들하게 잘 했었지. 그 때부터 너는 코믹하고 분위기 띄우는 조연으로는 아주 제격이었지.

미 　 경 : 그게 내 한계잖아요.

연출자 : 배우에게 강한 개성이 있다는 것은 큰 장점이야. 연출자인 내가 그 개성을 못살려 주어 미안하다.

미 　 경 : 아니예요. 오빠랑 이런 얘기 하는 게 참 오랜만이네요. 예전의 우리 모습을 보는 것 같아요. 난 오빠가 우리 극단 이름을 지을 때부터 믿음이 갔어요.

미 　 경 : 선교극단 브니엘! '브니엘' 하나님의 얼굴! 연극을 통하여 하나님의 얼굴을 관객에게 보여주자.

연출자 : 하나님의 얼굴을 보여준 게 아니라 못난 내 모습만 보여 주었어. (사이)
미경아! 그리스 신화에 나오는 나르시소스 이야기 알지? 호숫가에 비친 자신의 아름다운 모습에 반해서 계속 들여다 보다가 호수에 빠져 죽은 나리시소스! 내가 꼭 그 나르시소스 같구나.
하나님의 일을 한다고는 했지만 하늘에다가 내 모습만

그리기에 바빴어.

미　경 : 오빠! 우리 다시 시작해요.
　　　　창단할 때의 첫가슴으로 다시 돌아가요.

연출자 : 그래. 내 얼굴이 아니라 하나님의 모습을 무대에 그려보자.

미　경 : 우리 기도 모임부터 부활시켜요.

연출자 : 주님에게 속한 사람은 주님을 떠나서는 아무것도 할 수
　　　　없는 거지. 이 평범한 진리를 자주 잊어 먹는단 말이야.
　　　　(연출자, 미경 서로를 바라보며 "축복송"을 부른다.

미　경 : 때로는 너의 곁에
　　　　(연출자에게 두 손을 모두어 향하고) 어려움과 아픔 있
　　　　지만
　　　　담대하게 주를 바라보는 너의 영혼

연출자 : (손을 모두어 미경이에게 향하고)
　　　　너의 영혼 우리 볼 때 얼마나 아름다운지
　　　　너의 영혼 통해 큰 영광 받으실
　　　　하나님을 찬양
　　　　(둘이서 한 목소리로) 오- 할렐루야

　조명이 점차 흐려지면서 단원들 촛불을 들고 등장하여 축복송 2절을 합창한다.
　서로를 바라보며, 서로를 격려하며 서로를 사랑하는 눈빛과 몸짓으로…
　막이 내린다.

성극대본 창작에 대하여

∶
∶

　연출가로서 공연작품을 선정할 때 몇 가지 기준을 가지고 정하게 됩니다.
　그것은 우리 극단이 현실적으로 제작할 수가 있는가? 주제는 무엇인가? 등장인물의 구성이 알맞게 되어 있는가? 희곡의 형식은 무엇이며 플롯은 잘 짜여져 있는가? 등입니다.
　그러나 모든 기준을 충족하더라도 한 가지가 부족하면 그 대본을 탈락시킵니다.
　그 한 가지란? 성극대본을 구성하고 있는 플롯입니다.
　대부분의 성극대본을 보면 플롯을 무시한 채 주제와 스토리 전개에 얽매어 있습니다. 단순한 소재와 메시지를 위하여 극 전체를 희생적으로 몰아갑니다.
　물론 전달하고자 하는 주제와 메시지를 위하여 모든 대사와 행위들이 통일성을 가지고 클라이막스에 도달케 하는 것은 기본입니다.
　그것을 말하는 것이 아니라 작가가 나타내고자 하는 주제를 위하여 이야기가 단순하게 나열되고만 있다는 얘기입니다.
　기막힌 소재를 발견하거나 만들어 냈다고 해서 좋은 작품이 만들어지는 것이 아닙니다.

　관객의 기대감과 호기심을 자극하고 충족시켜 주는 짜임새 있는 플롯이 결국은 작품의 성패를 좌우하는 것입니다.

　플롯은 등장인물과 함께 희곡을 구성하는 중요한 요소입니다.

　플롯은 '한조각의 땅'이란 뜻이며 평면도, 도표, 챠트 같은 숨은 의미를 지니고 있습니다.

　사건들의 배열이 플롯이며 이를 통하여 결말에 도달하게 됩니다.

　플롯은 사건의 배열인 동시에 사건을 결합시켜 줍니다.

　각 사건은 원인과 결과를 내포하기 때문에 플롯이 탄탄하게 구성된 작품은 갑자기 이상한 사건이 끼어들거나 쓸데없는 장면이 나타나서 작품이 딴 길로 새는 것을 방지하여 줍니다.

　흔히들 플롯은 작품의 뼈대이며 스토리는 살이라고 비유하지만 단순한 이분법으로 이해하면 곤란합니다.

　플롯은 스토리를 작품 전체에 유기적으로 스며들게 하는 힘을 지니고 있습니다. 그래서 작품을 역동적으로 만들어 줍니다.

　스토리가 행동과 반응의 패턴을 가진다면 플롯이 됩니다.

　스토리는 사건의 시간적 기록입니다.

　스토리는 실에 꿰어 좋은 구슬처럼 사건을 연속적으로 펼치지만 플롯은 원인과 결과를 고리처럼 이어주면서 긴장감을 배가시킵니다.

　잘 짜여진 플롯은 등장인물에게 패턴을 만들어 주고 의도와 동기를 분명하게 합니다. 그래서 등장인물들의 성격이 사실적이고 보편타당성을 가지고 생동감 있게 표현됩니다.

　많은 성극대본이 사실성과 역동성이 결여되어 있습니다.

　왜? 어째서? 누가? 무엇이? 등이 빠진 채 주제와 이야기에 이끌려 작품을 전개하니 호기심과 긴장감은 결여되고 결말은 뻔해질 수밖에 없습니다.

굳이 여기서 쓸데없이 많은 장면의 전환이라든가, 처음을 보면 끝을 알 수 있는 전개방식이라든가, 희곡의 형식이 없다든가, 딱딱한 문어체 대사라든가 하는 등등의 문제점은 언급하지 않겠습니다.
 플롯의 패턴과 구조의 중요성을 인식하고 적용한다면 상당 부분의 문제점들이 해결되고 좋은 작품이 될 것입니다.
 그렇다면 좋은 플롯이란 어떤 것일까요?
 첫째, 도입부분에서 관객의 호기심을 자극해야 합니다.
 둘째, 사건들을 발전시키고 발견을 통해 긴장을 유지시켜야 합니다.
 셋째, 대립하는 세력을 키워 긴장을 고조시켜야 합니다.
 넷째, 결정적인 것을 사소하게 보이게 한다든가 암시나 복선 등으로 호기심을 자극해야 합니다.
 다섯째, 클라이막스에서 주인공이 중심적 역할을 하도록 하게 합니다.
 여섯째, 마지막 결말에 가서 앞에서 일어난 사건들이 논리적으로 결말을 이루게 해야 합니다.
 그리스 시대에는 데스 엑스 마키나(Deusex Machina)라는 마지막을 해결하는 방법이 성행했습니다. 이말은 라틴어로서 직역을 하자면 '기계를 타고 내려온 신'이라는 뜻입니다.
 사건을 전개해서 결말에 이르고 보니 등장인물이 사건을 해결하기 어려우니까 극장 천장에 구멍 뚫고 도르래를 설치하고는 신의 복장을 한 배우가 내려와 모든 것을 해결해 주고 사람들을 구원해주는 방법입니다.
 아직도 이런 수법을 빌려서 작품의 결말을 맺고 있으니 답답한 노릇입니다. 이해를 돕기 위해 플롯의 구조를 간단하게 예를 통해 제시하겠습니다.
 1. 예수님이 죽자 유다는 자살했다(스토리).

2. 예수님이 죽자 죄책감에 못이겨 유다는 자살했다(플롯).

3. 예수님을 팔아 죽게 한 죄책감 때문에 자살을 했다는 것이 알려지기 전까지는 아무도 유다가 왜 죽었는지 알지 못했다(긴장감을 더한 플롯)

성극대본을 창작하기 위해서는 좋은 희곡 작품을 많이 읽고 분석해야 합니다.

그래서 탄탄한 플롯을 구성하여 그 속에 하나님 말씀과 신앙인들의 고백들을 녹여서 살아 움직이는 작품을 만들어야 합니다.

플롯의 기본적인 구조는 아리스토텔레스가 말한 것처럼 시작, 중간, 마지막으로 구성하는 것입니다.

플롯의 종류는 사람마다 천차만별이지만 대략 20~30가지 내외가 아닌가 생각됩니다.

나머지 종류는 응용하거나 변형된 플롯입니다.

여러 가지 플롯들을 연구해서 자신이 발견한 소재나 생각해낸 이야기들을 대입시켜 작품을 써나간다면 좋은 작품을 쓸 수가 있겠습니다.

좋은 작품을 쓰기 위한 가장 손쉬운 방법은 자신의 소재와 스토리에 알맞는 패턴의 플롯을 찾아내어 패턴대로 글을 쓰는 것입니다.

다시 말씀 드리지만 좋은 플롯이 없는 작품은 좋은 작품이 될 수가 없습니다.

짧은 지면으로 다소 이해가 부족하다면 시중에 희곡의 구조나 플롯에 관한 좋은 책들이 많이 있으니 공부하시기 바랍니다.

저도 잘 모르면서 글을 쓰려니 다소 힘이 들었습니다. 앞으로 많이 기도하고 노력하겠습니다.

그 날이 오면

▼
▼
▼
▼
▼
▼

"그 후에 우리 살아남은 자도
저희와 함께 구름 속으로 끌어올려
공중에서 주를 영접하게 하시리니
그리하여 우리가 항상 주와 함께 있으리라."

-데살로니가전서 4장 17절-

■ 작품 해설

　유일하게 중등부 학생들을 대상으로 쓴 작품입니다.
　예수님의 재림, 휴거 등 종말에 일어날 사건들을 수련회에서 벌어질 수 있는 상황으로 구성했습니다.
　연기를 꾸미지 말고 자연스럽게 하는 것이 좋습니다.
　이 작품의 포인트는 용민이가 혼자 수련회장에 남게 되었을 때의 장면입니다.
　용민 역을 맡을 학생의 연기가 매우 중요하므로 충분한 연습이 필요합니다.
　또한 까마귀 울음, 늑대 울음, 메아리 같은 음향 효과가 적절하게 삽입되어야 합니다.
　이 작품은 여러 교회에서 중등부 학생이 공연한 작품입니다.

그 날이 오면

．
．
．
．
．

때 : 여름 또는 겨울
장소 : 어느 수련회장

등장인물
용민
재윤
태호
낙웅
미숙
경희
윤교사

F. I

용　민 : 오늘밤 여자 숙소에 몰래 들어갈 수 있겠어?

재　윤 : 어렵긴 하지만 바깥 창문틀의 모기장을 뜯고 들어가면 될거야.

용　민 : 그럼 공구가 필요할텐데…

재　윤 : (공구를 꺼내며)쨘!!
펜치! 도라이버! 리퍼! 장도리! 어때 이 정도면?

용　민 : 좋았어! 그럼 나도 쨘!
루즈! 빨간약! 싸인펜!

재　윤 : 오늘밤 여자애들 얼굴은 우리들의 낙서판이다.

용　민 : 불여우 같은 미숙이 얼굴을 (싸인펜을 높이 쳐들며) 이걸로 떡칠을 하고 말테다

재　윤 : 우리 경희는 빼자.

용　민 : 예외가 어딨어!

재　윤 : 경희는 빼주라.

용　민 : 짜식! 그 전부터 내가 눈치는 채고 있었지. 너 경희 좋아하지?

재　윤 : 아니야-!

용　민 : 아니긴 뭐가 아니야.
처음엔 수련회 안간다고 했다가 경희가 간다니까 다시

신청하고선 누가 모를 줄 알아.

재 윤 : (얼굴을 붉히며)아니라니까

낙 웅 : (끼어들며)무슨 얘기야?

재 윤 : 아무것도 아니야.

용 민 : 얘가 경…

재 윤 : (재빨리 용민의 입을 막으며) 한번 봐주라.

용 민 : (입 주위를 닦으며)아이고 더러워라.

낙 웅 : 너희들 무슨 일 꾸미고 있지? 나도 끼워주라.

재 윤 : 안돼!

낙 웅 : 왜?

용 민 : 글쎄 안된다면 안된다니까.

낙 웅 : 정말 이럴거야.

재 윤 : 용민아 끼워줄까?

용 민 : 얘는 위험해.

낙 웅 : 날 뭘로 보냐!

용 민 : 넌 너무 입이 가벼워.

낙 웅 : 너 말 다했어?

용 민 : 다했다 어쩔래.

낙 웅 : 너희들 자꾸 나만 따돌리려고 하는데 두고봐. 윤 선생님께
          무슨 일 꾸민다고 다 말할거야.

용 민 : 글쎄 저렇다니까.

미 숙 : (등장하며) 너희들은 어째서 여자들처럼 토닥거리니?

용 민 : 불여우는 참견마셔.

미 숙 : 뭐 불여우?!

경 희 : 미숙아 너가 참아. 용민이 원래 저러잖아.

재 윤 : 불여우란 말은 아니 불(不)字를 써서 여우가 아니다 라는
          뜻이야.

용 민 : 웃기시네!

태 호 : 정말 힘들어서 조장 못하겠다.
          우리 조는 모이기만 하면 싸움만 하냐. 다른 조는 성극
          준비하느라고 정신들이 없더라.

용 민 : 그건 조장이 무능해서지.

태 호 : (시무룩) 그래서 나 조장 안한다고 몇 번이나 그랬어.
          그랬더니 용민이 니가 적극적으로 도와주겠다고 하고선.

용 민 : 그랬나?

경 희 : 기운내 태호야.

미 숙 : 너가 무능한 게 아니라 우리가 협조를 안해줘서 그런거
          야.

낙　웅 : 우리도 성극 준비하자.

재　윤 : 그래 뭔가를 확실히 보여주자.

낙　웅 : 태호야 작품은 정했어?

태　호 : 아직—

재　윤 : "지저스 크라이스트 슈퍼스타"가 어떨까?

경　희 : 좋은 작품이긴 한데…

태　호 : 우리가 하기엔 수준이 너무 높다.

미　숙 : 은혜가 철철 넘치는 작품이 없을까?

용　민 : 좋은 작품이 있긴 있어.

일　동 : 뭐야?

용　민 : 애마부인!

미　숙 : 쟤 왜 저러냐?

낙　웅 : 그 영화 야한 영화잖아.

용　민 : 너도 봤어?

낙　웅 : 아— 아니!

용　민 : 난 아주 감동적이더라.

경　희 : 저질!

용　민 : 그럼 이건 어때? 싸이코 드라마.

미　숙 : 기가 막혀서.

태　호 : 장난 치지마.

용　민 : 그러면 여고괴담은 어때?

태　호 : (화가 나서)장난치지 말라니까! 성극은 우리들의 신앙고백을 무대 위에서 대사와 동작으로 표현하는 거야.

낙　웅 : 그렇지. 아무리 작품이 좋아도 우리의 영이 숙어 있으면 성극 공연은 실패했다고 볼 수 있어. 하물며 작품이 좋아도 많은 기도 가운데 준비하고 연습해야 하는데 그런 저질스럽고 이상한 영화를 본떠서 성극으로 공연하자는 게 말이 되니?

용　민 : 아-! 예술의 길은 진정으로 험하고 멀기만 하구나.

경　희 : "살로메"로 하면 어떨까?

재　윤 : 살로메?

태　호 : 살로메라-

용　민 : 아- 살로우만 그거 쏘세지 이름이잖아.

경　희 : 저질에 무식하기도 하구나.

미　숙 : 용민이 넌 빠져. 도움이 안된다니까.

용　민 : 너희들 오늘밤에 두고 보자.

재　윤 : 태호야 괜찮은데. 살로메가 헤롯왕 앞에서 요염하게 춤을 추고는…

경　희 : 그 춤에 홀려서 소원을 말하라니까. 헤로디아가 세례 요한의 목을 달라고 하는 내용이야.

태　호 : 좋았어! 세례 요한의 일생과 순교에 초점을 맞추면 기대이상의 성과가 나오겠는데.

재　윤 : 살로메는 예쁘고 요염해야 하니깐 경희가 적역이야.

미　숙 : 흥!

용　민 : 아부하고 있네.

태　호 : 배역은 성경공부 끝나고 자유시간에 정하기로 하고 일단 작품은 살로메로 정하자.
　　　　너희들 생각은 어때?

일　동 : 좋아!

용　민 : 난 반대야.

태　호 : 왜?

용　민 : 그냥

태　호 : 그냥이라니?

용　민 : 반대를 위한 반대지. 너희들끼리 어디 잘들 해보셔. 잘되면 내 손에 장을 지진다.

미　숙 : 용민이 심술은 알아줘야 해.

윤교사 : (등장하면서)애들아 성경공부 시간이다.

용   민 : 아휴! 지겨워

윤교사 : (자리를 정돈하며)너희들 성극연습 잘 되니?

태   호 : 나름대로 열심히 하고 있어요.

윤교사 : 이 선생님이 기대가 크단다. 뭐든지 열심히 하거라. 열심히 노력하는 모습은 아름다움이란다.
자- 이번 성경공부의 중심 구절은 데살로니가전서 4장 17절 말씀이야. 누가 또박또박 읽어보자.

낙   웅 : 그 후에 우리가 살아남은 자도 저희와 함께 구름 속으로 끌어 올려 공중에서 주를 영접하게 하시리니 그리하여 우리가 항상 주와 함께 있으리라. 아멘!

윤교사 : 무슨 내용인지 알겠니?

재   윤 : 구름 속으로 끌어 올려 공중에서 주를 영접한다(갸우뚱거린다).

윤교사 : 경희가 말해 볼래?

경   희 : 잘 모르겠어요.

용   민 : 그것도 몰라. 모태신앙이라고 자랑이더니…

윤교사 : 그럼 용민이는 알아?

용   민 : (머리를 긁적이며)저도 잘 모르는데요.

윤교사 : 그러면서 큰 소리는…

태   호 : 휴거에 대한 이야기죠.

윤교사 : 그래. 휴거에 관한 이야기야. 예수님이 재림하실 때 죽었던
　　　　사람이 먼저 휴거되고 그 위로 산 사람들이 휴거된단다.

미　숙 : 모든 사람들이 휴거되나요?

윤교사 : 아니지. 예수님을 영접하고 영적으로 거듭남을 입은 사람
　　　　들만 휴거되는 거야.
　　　　너희들 눈을 감고 상상해 보아라. 그것처럼 신나고 감격
　　　　적인 장면이 또 있겠니? 어느 날 갑자기 이 세상의 모든
　　　　크리스천이 순식간에 들려 올라가 공중에서 주님을 영접
　　　　하는 장면!
　　　　말 많고 눈물 많고 고생 많았던 이 세상에서 영원한 천
　　　　국으로 가는 거야. 눈물 없고 고통도 없는 곳. 그냥 있기만
　　　　해도 좋은 곳. 사랑의 절대자이신 주님께서 나를 돌보아
　　　　주시는 곳으로 들려 올라 간다는 것이….

낙　웅 : 그곳은 학교폭력도 없겠죠?

윤교사 : 암!

경　희 : 인신매매와 시험지옥도 없지요?

윤교사 : 그럼! 영혼이 아름다운 사람들만 모이는 곳이야.

용　민 : 너희들 꿈깨.
　　　　어떻게 죽은 사람이 공중으로 올라가고 산 사람이 어떻게
　　　　구름 속으로 올라가니? 난 절대로 허황된 이야기는 믿을
　　　　수 없어.

윤교사 : 분명히 성경 말씀에 나와 있듯이 크리스천의 휴거는 있

단다.

용민아, 무서운 이야기 하나 할까? 주님께서 공중으로 재림하시어 심판을 내리시기 전에 휴거는 이루어지는데 그 때는 아무도 알지 못해.

아무튼 그날이 오면 야구시합을 하다가 투수는 올라가고 포수는 남고, 회의중에 전무와 상무는 올라가고 사장은 남고, 비행기가 날아가다가 조정사는 올라가고 비행기와 승객은 공중에서 땅으로 떨어진단다. 이 얼마나 무서운 일이냐.

당장 오늘밤에 너희들이 다같이 잤는데 태호, 낙웅이, 재윤이, 미숙이, 경희는 올라가고 용민이 너 혼자 남아 심판을 받는다면 얼마나 무섭고 슬픈 일이야.

용　민 : (투덜대며)쳇! 하필 나야.

C. O

F. I

용민이가 혼자서 코를 골며 자고 있다.

용 민 : (눈을 비비며 일어난다.)
아- 잘 잤다. (하품과 기지개) 어젯밤은 신나는 밤이었어. 고- 불여우 미숙이 기집애 얼굴을 귀신으로 만들었으니… 아이고! 통쾌해! (배를 잡고 뒹군다.) 또 그뿐이야. 경희 얼굴은 돼지로 만들었지. 윤 선생님 얼굴이 정말 압권이었어. 침팬지가 친구로 착각할거야. 아이고 통쾌해. 정말 재미 있었어.
(한참을 혼자서 웃다가 두리번 거린다.)
다들 어디 간 거야. 쥐 죽은 듯이 고요하네. 내가 알게 뭐야. (벌러덩 드러 눕는다.) (사이) 정말 이상하네. 다들 어디 갔지. (다시 두리번 거린다.)
기분 나쁠 정도로 조용하네. (일어나서 여기저기 찾아본다.)
재윤아! 태호야! 장난 그만해! 윤 선생님 장난인 거 다 아니깐 이제 나오세요. 다들 어디 간 거지. 소지품도 여기 그대로 있는데 참 이상하네.
(찾다가 지쳐서 우두커니 앉는다. 어디선가 기분 나쁜 까마귀 소리) 혹시? 아니야! (머리를 세차게 흔든다.)
그럴리가 없어. 하지만 아무도 없잖아. 쥐새끼조차 얼씬하지를 않아. (불안) 설마… 나만 남겨 놓고 모두 올라간 것은 아닐까?
(안절부절) (큰 소리로) 다들 어디 갔어? (메아리)
(까마귀 울음소리, 늑대의 울부짖는 소리, 기분 나쁘게 부는

바람 소리) 태호야-, 낙웅아-, 재윤아-, 미숙아-, 경희야, 윤 선생니-임 (메아리).
나만 남겨두고 모두 휴거 됐나봐. (울먹이며) 주님 잘못했어요. 저도 공중으로 불러 주세요. 제발 용서하시고 저 좀 살려주세요.
(구석에 엎드리어 벌벌 떤다. 잠시후 다른 아이들이 즐겁게 찬송 부르며 들어온다.)

용 민 : (눈이 휘둥그래서) 휴거된 거 아니었어요?

윤교사 : 갑자기 무슨 소리야.

용 민 : 나만 빼놓고 휴거된 게 아니었죠?

미 숙 : 잠이 아직 덜 깼나봐.

재 윤 : (볼을 때리며) 야! 정신차려.
무슨 헛소리야.

윤교사 : 오라- 우리가 모두 없어진 것을 보고 용민이가 자기만 남겨놓고 모두 휴거한 줄 착각을 했구나. (용민이 고개를 끄덕인다.)

태 호 : 뒷산에 올라가서 기도회도 하고

경 희 : 윤 선생님 첫사랑 이야기도 듣다가 내려오는 길이야.

용 민 : (안도의 숨을 쉬며) 난 그런 줄도 모르고…

낙 웅 : 넌 무슨 애가 그리도 잠이 많냐? 아무리 흔들어 깨워도 세상 모르고 코만 골더라.

미   숙 : 너가 어젯밤에 우리들 얼굴에다 낙서했지? 그래서 늦잠도
          잔거고. 어쩌면 윤 선생님 얼굴을(웃음을 참지 못하고 웃
          는다) 원숭이처럼 그려 놨어.

용   민 : 선생님 죄송합니다.

윤교사 : (유쾌하게 웃으며) 괜찮아. 용민이 늦잠 한번 잘못 잤다가
         큰 고생 했구나.

용   민 : 너무 끔찍했어요. 다른 친구들은 휴거되었는데 나만 혼자
          남아 심판받아야 한다는 것이…

윤교사 : 그래 좋은 경험했다. 이것도 다 주님의 역사하심이겠지.
         얘들아! 우리 모두 그 날이 올 때까지 깨어서 준비하자
         꾸나. 슬기로운 다섯 처녀들처럼!

아이들 : 예! 선생님

  경쾌한 음악이 흐르면서 막이 내린다.

내일 할래요

▼
▼
▼
▼
▼
▼

"근신하라 깨어라
너희 대적 마귀가 우는 사자같이
두루 다니며 삼킬 자를 찾나니
너희는 믿음을 굳게 하여 저를 대적하라"

-베드로전서 5장 8, 9절-

■ 작품 해설

　1987년 대학생 시절, 학교 축제기간에 독서관에 파묻혀서 이틀 동안 쓴 작품입니다.
　저의 첫번째 성극대본이며 1990년에 브니엘 창단 기념공연으로 무대에 올려진 작품입니다. 그 후에도 여러 차례 공연하였기에 브니엘의 대표작 가운데 하나라 할 수 있습니다.
　그런데 이 작품과 비슷한 소재의 성극대본이 시중에 출판되어 있어 잠시 망설였지만 저에게는 중요하고 의미있는 작품이기에 여러분께 선보입니다.
　이 대본은 고등부와 청년부에서 공연하기 알맞습니다. 소재는 김준곤 목사님의 「예수칼럼」 중에서 '악마들의 전략회의'라는 칼럼에서 힌트를 얻었습니다.
　이 대본의 장점은 재미 있으면서 인물 성격 창조가 수월하고 공연준비 과정이 비교적 쉽다는 것입니다.
　그리고 마지막 악마의 웃음소리를 음향효과로 극대화 한다면 사탄의 세력에 대한 두려움과 작품의 메세지가 강력하게 전달될 것입니다.
　악마의 웃음소리는 마이클 잭슨의 '드릴러'라는 음악에서 따오면 좋습니다.
　이 대본은 1987년도에 후암교회 고등부에서 첫 공연을 했고, 1990년 브니엘 창단공연을 비롯해 수회에 걸쳐 교회 순회공연을 했으며 여러 교회에서 알게 모르게 공연되었습니다.
　작가는 알려지지 않은 채 대본만 손에서 손으로 전해진 셈입니다.

내일 할래요

....

때 : 현재
장소 : 악마들의 전략 회의장

등장인물
악마1(사탄 루시퍼)
악마2(엘리트)
악마3(제비족)
악마4(사탄자)
악마5(푼수)

무대

후면 벽 상단에 제 몇차 전악마 전략회의 라는 현수막이 있고 무대 중앙에는 사탄 루시퍼가 앉는 의자가 위치하고 있다.

막이 오르면 으스스한 음악이 흐르고 무대는 안개에 휩싸인다.

악 마 1 : (매서운 눈초리와 강폭하고 음흉한 웃음)내가 누군 줄 아느냐? 나는 하나님의 천사장으로 있다가 하나님처럼 되고 싶어서 반란을 꾀하다 쫓겨난 사탄! 루시퍼다. 나는 그때부터 아니 그보다 더 오래 전부터 하나님의 형상을 닮은 인간들에게 너희도 하나님처럼 될 수 있다는 유혹을 하기 시작했어.
하와에게는 뱀으로 변신하여 접근해서는 선악과를 따먹으라 유혹을 했고, 또 가인에게는 동생 아벨을 돌로 쳐 죽이라는 유혹을 했었지. (사이)
나는 지금도 하나님의 형상을 닮은 인간들을 나의 제자로 만들고자 밤낮으로 애쓰고 있어. 으핫하하—

악 마 2 : (등장하며)루시퍼 형님 다녀왔습니다.

악 마 1 : 그래 잘 다녀 왔느냐?

악 마 2 : 예!

악 마 1 : 너는 우리 악마 중에서는 최고의 엘리트야. 그래서 최고의 엘리트인 너만이 할 수 있다고 생각해서 맡긴 일은 어떻게 되었느냐?

악 마 2 : 형님 염려 마십시오.
저는 그 동안 '다윈'이라는 학자를 조정하여 '진화론'을 완성케 했습니다.
이 이론을 통하여 하나님이 인간을 창조한 것이 아니라 원숭이가 세월이 흘러감에 따라 우연히 인간으로 진화

되었다는 것을 과학적이고 합리적 학문체계로 이끌어 내는 데 성공했습니다.
이로 인하여 인간들은 하나님 존재마저도 부정하게 되는 오류를 범하게 되었습니다.

악 마 1 : 옳지 잘했다.
인간이란 합리적이고 이성적인 사고를 좋아하지. 그렇지만, 인간 그 자체는 모순덩어리에 불과해!
이로 인해 어떤 파급 효과가 있느냐?

악 마 2 : 첫째, 창조론을 부인하는 이론을 제공해서 하나님 존재를 부정하게 만들었습니다.
둘째, 인간 스스로는 과학적 사고를 통해 더욱 오만해지고 하나님의 권능에도 도전하게 됐습니다.
셋째, 하나님과 동등해 질려는 우리들의 궁극적인 목표와 일치하게 되었습니다.
결론을 내리자면 우리들의 유혹에 쉽게 넘어갈 수 있는 환경적인 요소를 만들었다는 것입니다.
이로 인하여 하나님 측에서는 전략상 큰 타격을 받을 것이 분명하고 우리들에게는 유혹에 쉽게 넘어간 타락된 인간들로 말미암아 전략적으로 큰 보탬이 되니 이는 일석이조의 효과를 가져다 주는 것입니다.

악 마 1 : 오! 수고했다. 우리 악마의 제국이 인간땅에 건설되는 날! 내가 너에게 줄 상이 크구나.

악 마 3 : (블루스를 추듯 걸어 나온다.) 아! 루시퍼 형님, 그 동안 외롭지 않으셨습니까?

악 마 1 : 내가 외로왔는지 어떻게 알았어?

악 마 2 : 제 직업입니다.

악 마 1 : 너의 임무 수행 결과는 어떠냐?

악 마 3 : (계속해서 빙글빙글 블루스 스텝을 밟는다.) 잘하고 왔습니다.

악 마 1 : 그만 돌아라. 어지럽구나.

악 마 3 : (멈추며)버릇이 되어서…
저는 그 동안 인간들 중에서 제비족들에게 댄스 교습을 강화시켰습니다. 하나님 말씀 읽는 것보다 춤 추는 것이 더 재미 있으니까요.
저의 제비족 제자들은 시장에 가는 사모님들을 모두 꼬셔서 춤바람 나게 만들었습니다.
가정이 파탄에 이르면 인간의 기본이 무너지는 것 아니겠습니까?

악 마 1 : 으핫하하―. 정말 잘 했다.
역시 이런 일이 너에게 어울리는 일이야.
악마학교 다닐 때 하라는 공부는 안하고 밤낮 춤만 추더니…
다 쓸데가 있구나. 역시 교육이란 재능을 발견해서 발전시켜야 하는 거야.

악 마 2 : 그렇습니다.
우리들은 하나의 방법만을 가지고 인간을 타락시킬 수가 없습니다.

우리 악마들은 여러 가지 변신과 방법을 통해 인간들의 약점을 잡아서 갖가지 전략으로 타락시켜야 성공할 수가 있습니다.

악 마 1 : 으음 그래! 너같이 똑똑한 녀석이 내 곁에 있으니 든든하구나. (사이)
그런데 나의 사랑스런 사탄자는 왜? 아직 안오나.

악 마 4 : (요염하게 등장)루시퍼 오라버니 좀 늦었사와요.

악 마 1 : 오- 나의 사랑스럽고 귀여운 사탄자야, 그 동안 고생이 많았지?

악 마 4 : 아이-! 뭘요. 쑥스러워요.
다- 우리 악마제국을 건설하기 위한 일인데요.
오라버니, 제가 그 동안 무슨 일을 했는지 들어보시겠어요?

악 마 1 : 내 너에 대한 기대가 각별하단다. 어서 말해 보렴.

악 마 4 : 내 이름이 뭔지 아세요?

악 마 1 : 갑자기 뚱딴지 같이… 그야 사탄자가 아니냐.

악 마 4 : 맞아요 제 이름은 사탄자예요. 그 동안 저는 인간들 중에서 여자, 여자 중에서 이름 맨 끝자에 '자'자(字)가 들어가는 여자 둘을 골라 교육을 시켜, 나 사탄자의 제자로 만들었죠.
그 중에 한 명은 큰 손으로 경제계를 휘둘렀던 여인 '장영자' 이 여자도 나처럼 이름이 자(子)로 끝나죠.
또 한 여인 오대양 회사의 사장이자 사이비 종교의 교

주로서 그를 추종하는 사이비 신자 32명과 함께 동반
자살을 해서 세상을 경악케 했던 '박순자' 다 제가 심혈을
기울여 키운 제자들입니다.

악 마 1 : 대단한 성과를 올렸구나.

악 마 4 : 아이— 부끄럽습니다.
다 오라버니가 제 이름을 잘 지워준 덕분이에요.
그렇지만 요사이 예수 믿으며 교회에 나니는 무리들을
'신자'라고 해요. 신자도 끝자가 '자'로 끝나거든요.
그래서 요것들을 어떻게 하면 악마의 제자로 만들까 하고
고민중이랍니다. 호호호—

악 마 5 : (큰 소리로 소란을 피우며 등장한다.) 여러분! 여러분!
(모두 외면한다.)
좋은 소식이 있어요. 빅 뉴스예요. 악마 여러분 기뻐해
주십시오.

악 마 3 : (심드렁하게) 뭐야?

악 마 5 : 하나님을 섬기는 신자들이 모두 하나님을 배신하고 우리
악마교를 믿겠다고 아우성이랍니다.

악 마 들 : (춤을 추며) 경사났네! 경사났어!

악 마 5 : 그런데 안좋은 소식도 있어요. 조금 나쁜 소식이에요.

악 마 1 : 그게 뭔데?

악 마 5 : 내가 한 말이 모두 거짓말이란 사실이에요.

악 마 1 : (화를 내며) 아니 뭐야!

왜 그따위 말로 우리같이 착한 악마들을 놀리고 그래!
입이나 좀 작으면 몰라.

악 마 5 : (심통을 부리며)내 입이 어떻다고 그러세요? 입 큰 것도 죄예요?

악 마 1 : 조용히 해! 뭘 잘했다고 큰 소리야.
하나님은 뭐하시나 저렇게 입 큰 악마는 잡아가 버리지.

악 마 5 : (당황하며)하나님이 입 큰 악마만 잡아간데요?

악 마 들 : 그래!

악 마 5 : 신이시여 내 입이 뭐가 크다고 날 잡이가세요. 니 입 작아요.

악 마 1 : 집어 치워! 겁은 많아서… 자- 모두 모인건가?

악 마 들 : 예!

악 마 1 : 오늘 너희들을 모이라고 한 이유는 정기적인 전략회의 때문만이 아니야.(몸을 부르르 떨며) 요새 아주 꼴보기 싫은 것들이 있어. 눈에 가시같은 존재야.

악 마 5 : 형님! 눈에 가시가 들어 갔어요? 눈 크게 떠 봐요. 내가 '후'하고 불어줄께요.

악 마 1 : (밀치며)이 손 치우지 못해!
그저 너 같은 악마는 족보에서 지워버리는 건데…

악 마 5 : 나도 인정받는 악마가 되고 싶은데…

악 마 1 : 내가 어디까지 얘기했더라?

악 마 2 : 눈에 가시같은 존재가 있다고 했습니다.

악 마 1 : 맞아! 그게 누구냐 하면 예수를 믿으며 교회에 다니는 무리야.
　　　　 이것들이 지들만 다니면 되는데 전도를 한답시고 우리들이 타락시켜 놓은 인간들을 하나 둘씩 빼내어 교회에 데리고 가서 회개시켜 하나님의 자녀가 되게 한단 말이야. 어떻게 하면 우리 악마들의 제자를 놓치지 않고 한걸음 더 나아가 크리스천까지도 우리 악마의 제자로 만들 수 없을까? 이 문제가 오늘 상정된 전략회의 안건이다. 좋은 의견들을 기탄없이 이야기하도록.
　　　　 전략회의에 앞서 우리들의 구호 악마팔복을 외치도록 하자.

악 마 2 : (앞으로 나서며) 교권 쟁취의 참피언은 복이 있나니 악마의 충성된 종에게 주는 면류관을 받으리라.

악 마 3 : 예수 이름으로 자주 성내는 자는 복이 있나니 악마 나라의 시민권을 얻으리라.

악 마 4 : 온갖 이유를 들어 교회 출석과 헌금을 하지 않는 자는 복이 있나니 악마 나라의 준회원증을 받을 것이다.

악 마 5 : 하나님을 사랑한다 하면서 사람을 미워하는 자는 복이 있나니 악마의 제자라 일컬음을 받을 것이다.

악 마 2 : 가난하고 불행한 사람들에게 복음 대신 예수 이름으로 증오와 분노와 고발과 싸움을 심는 자는 복이 있나니 악마 나라의 선각자 상을 받으리라.

악 마 3 : 신앙사업에 너무 바빠서 기도할 틈이 없는 자는 복이
있나니 악마 나라의 장군이 될 것이다.

악 마 4 : 몸과 마음을 다 바쳐서 악마에게 충성하는 자는 악마의
대장이 되리라.

악 마 1 : 으핫하하 —
예수 이름으로 인도와 사랑과 자유를 전파하되 예수의
십자가 사건과 부활을 최대한으로 변색해 버리는 자는
복이 있나니 악마의 명예 제자가 되리라.
(악마들 광란의 웃음)
자 — 지금부터 전략회의를 개최한다. 의견들을 발표하
도록.

악 마 5 : 형님! 간단해요.
크리스천들을 죽여 버리면 되잖아요.

악 마 1 : 이 바보야. 순교는 교회의 씨가 되는 거야. 여태까지의
경험을 통해 그걸 몰라서 하는 소리야!

악 마 3 : 매를 때리면 어떻겠습니까?

악 마 1 : 하긴 매에는 장사가 없다고들 하지만 한 대의 매에 예수가
열도 더 생긴다.

악 마 4 : 루시퍼 오라버니!

악 마 1 : 오 — 나의 사랑스러운 사탄자야. 얘기 해라.

악 마 4 : 크리스천들을 가두어 버리면 어떨까요?

악 마 1 : 그렇지만 사탄자야. 가두어 놓으면 합심하여 기도해서
성령의 역사를 크게 일으키므로 오히려 손해란다.

악 마 2 : 제게 좋은 생각이 있습니다.

악 마 1 : 기대가 되는구나 엘리트 악마

악 마 2 : 크리스천들이 죄를 범하게 하는 것이 어떻겠습니까!

악 마 1 : 그래 그것이 가장 성공적인 방법이었지만 이젠 구태의
연한 방법이야. 좀 더 참신한 아이디어가 없을까?
(모두 고민을 한다.) (사이)
(무릎을 치며) 그래 좋은 방법이 생각났어!

악 마 들 : 어떤 방법입니까?

악 마 1 : 크리스천들에게 열심히 전도도 하고 사랑도 하고 기도도
하라고 그러는 거야!

악 마 5 : (비웃으며)그게 뭐가 좋은 생각이에요.

악 마 1 : 조용히 해! 그 다음 말이 중요한 거야.
열심히 전도도 하자. 기도도 하자. 사랑도 하자. 그렇지만
그런 일들은 내일부터 하자고 속삭이는 거야.

악 마 들 : 내일부터 하자고 속삭이라고요?

악 마 1 : 바로 그거야!
그렇게 하면 크리스천들의 반발심도 줄이고 우리를 경
계하는 경계심도 늦출거야. 그러면 유혹하기가 더욱 쉽지.
우리는 그저 속삭이기만 하면 되니까.
그렇지만 우리들의 속삭임에 귀가 솔깃해 지기만 하면

그들은 구원 확신의 결단도 믿음의 결단도 거듭남의 결단도 내일로 내일로 자꾸 미루게 되지.
그렇게 해서 크리스천들은 죽을 때까지 어떤 결단도 내리지 못한 채 어물쩡 거리다가 우리 악마의 손아귀에 걸려드는 거야.
우리들은 많은 시간들을 여유있게 활용하면서 유혹하기만 하면 되는 거야.

악 마 들 : 아! 그렇군요.
　　　　　아주 기발한 생각입니다.

악 마 1 : 인간들이여! 크리스천들이여!

악 마 2 : 예수를 믿어라!

악 마 3 : 구원의 확신도 가져라!

악 마 4 : 전도도 열심히 하자!

악 마 5 : 기도도 열심히 하자!

악 마 1 : 하지만 그런 일들은 내일부터 하자. 내일부터…

악 마 들 : 으핫하하-

F. O

목소리1 : 예수 믿고 천국 가세요.

목소리2 : 믿겠어요. 하지만 오늘은 무척 바쁘니 내일부터 믿어 볼께요.

(악마들의 작은 웃음소리)

목소리3 : 철수야! 어서 일어나거라.
         오늘은 거룩한 주일이니 교회 가서 하나님께 예배 드려야지.

목소리4 : 아이- 알았어요. 그렇지만 엄마 졸려 죽겠어요. 딱 한 시간만 더 잘께요.

목소리3 : 한시간 더 자면 예배시간에 늦게 돼.

목소리4 : 그럼 다음 주일날에나 가죠.
         (악마들의 웃음소리 더욱 커진다.)

목소리5 : 성도 여러분! 지금 이 시간에 구원 확신의 결단을 내립시다.

목소리6 : 꼭 오늘 해야 되나 피곤해 죽겠는데 내일 할래요.

악마들의 웃음소리가 광적으로 들리며 막이 내린다.

연기의 주요과제에 대하여

연기자에 있어서 말을 잘하는 능력은 매우 중요합니다.

대본의 대사들을 정확하게 전달하기 위해서, 억양을 통해 특별한 의미를 전달하기 위해서, 배역의 성격이나 기분 등을 표현하기 위해서 말을 잘하는 것이 좋습니다.

라디오에서 흘러나오는 소리만 듣고 있어도 모든 것이 상상되어지고 그릴 수 있듯이 연기의 기본은 말하는 능력과 신체동작입니다.

1. 크게 말해야 합니다.

연극은 보통 100석 이상의 공간에서 말을 하기 때문에 평소 말의 크기보다 굉장히 커야 합니다.

하지만 크게 말을 하는 데에는 한계가 있습니다. 그리고 무리하게 큰 소리를 내다보면 목에 무리가 가서 오히려 쉰 목소리로 공연을 망칠 수가 있습니다.

좋은 소리를 내기 위해서는 복식호흡을 통해 많은 공기를 확보해서 내뱉는 조절능력을 가지고 있어야 합니다. 공기를 적절하게 내뱉으면서 소리를 실어준다면 좋은 소리를 낼 수가 있겠습니다.

그러나 훈련을 거치지 않은 초보 연기자들에게는 어려운 일입니다.

소리를 크게 지른다고 악을 쓴다고 소리가 멀리까지 전달되는 것이 아닙니다.

발음을 정확하게 구사한다면 말의 명확성이 좋아져 멀리까지 전해집니다.

좋은 소리를 내기 위해서는 턱 운동을 많이 하여서 턱을 부드럽게 자유자재로 움직여 입 안의 공간을 최대한 확보해야 합니다. 입술과 혀로 유효적절한 움직임을 갖는다면 좋은 소리를 낼 수가 있습니다.

명확한 발음을 위해서는 자음보다는 모음에 신경을 써서 소리를 내야 합니다.

그리고 파열음, 마찰음 등에 주의를 기울여 발음해야 합니다.

한글은 닿소리 15자와 된소리 5자, 홀소리 10자와 그것을 겹쳐서 만든 11자의 발음을 정확히 하는 연습이 필요합니다.

홀소리 발음 가운데 주의할 것은 구와 그와의 구별, 애와 에, 외와 구별, 와·어·워의 구별, 외·왜·웨의 구별 등에 주의해서 발음해야 합니다.

또한 목소리에는 변화를 주어야 합니다. 크기, 빠르기, 높이의 변화들을 적절하게 구사하여 대사를 말할 때 생동감을 더해 주어야 합니다.

특히 긴 대사를 처리할 때 빠르기의 변화는 매우 중요합니다.

2. 한 문장은 특별한 경우가 아니라면 되도록 한 번의 호흡으로 처리해야 합니다.

한호흡 중간에 반호흡도 적절하게 사용하십시오.

대사를 말할 때 호흡이 자주 끊기면 관객이 듣기에 매끄럽지도 않고 배우와 관객의 집중력을 동시에 흩어지게 하는 결과를 초래합니다.

한 번의 호흡은 많은 의미를 내포하기도 하며 긴장감을 주는 최소 단위입니다.

숨을 들어 마시고 숨을 끊어 보십시오. 숨을 끊고 있는 시간이 길면 길수록 보는 사람으로 하여금 언제 숨을 쉴까 하는 긴장감을 유발하게 합니다. 끊었던 숨을 내쉰다면 비로소 안심하게 됩니다.

이렇듯 호흡은 연기에 있어서 가장 기초가 되는 행위입니다.

3. 연기를 한다는 것은 표현한다는 뜻입니다.

표현하다(express)라는 말은 밖으로 품어져 나온다(push out)는 뜻을 지니고 있습니다.

그래서 무대 위에서 배우는 이완(relaxation) 상태에 있어야 합니다.

이완이란 불필요한 긴장을 없애고 내재되어 있는 힘을 적절하게 사용한다는 뜻입니다.

따라서 배우가 아주 미묘한 자극에도 즉각 반응을 보일 수 있도록 하는 상태입니다. 배우는 워밍업을 하듯이 항상 움직이기를 기다리며 준비해야 합니다.

배우의 연기가 자신의 중심으로부터 밖으로 품어져 나왔을 때 배우와 관객은 연극에 집중할 수 있으며 몰입하게 됩니다.

이 몰입의 시간이 길면 길수록 공연은 성공할 것입니다.

4. 연기자가 이완하기 위해서는 긴장감을 없애야 합니다.

그러나 말처럼 쉬운 일이 아닙니다.

연기자가 무대 위에 서는 순간 수많은 관객들의 시선 때문에 당황하게 됩니다.

그것은 내가 이렇게 말하면 관객들은 어떻게 생각할까? 이런 동작을 하게 되면 관객들은 어떻게 받아들일까? 하는 쓸데없는 걱정에서 비롯됩니다.

이런 걱정은 어렸을 때 '이것은 하지마라', '저것은 안된다'하는 식의 억압적 교육을 받고 자라온 탓입니다.

이것을 유아기적 억압이라고 합니다.

하지만 배우가 좋은 연기를 하기 위해서는 유아기적 억압에서 벗어나 자유로운 사람이 되어야 하는 것입니다.

5. 연기를 놀이라고 생각해 보십시오.

우리가 어렸을 적에 소꿉장난을 모두 그럴듯하게 하면서 놀았던 기억이 있을 겁니다.

하루종일 풀을 찧고 빻고 해도 지루하지도 않을 뿐더러 남을 의식하거나 어색해 하지도 않고 자신의 맡은 역할들을 훌륭히 소화해 냈었습니다.

그것은 어린아이라서 아직 억압적 교육에 세뇌 당하지 않은 순수하고 자유로운 상태이기에 그렇습니다.

배우가 이처럼 어렸을 때 놀이를 한다는 생각을 가지고 연기를 한다면 좋은 연기자가 될 것입니다.

남의 눈을 의식하지 마십시오.

관객들은 배우의 훌륭한 연기를 보기 위해서 객석에 앉아 있는 것이지 당신의 잘생긴 얼굴을 보려고 온 것이 아니기 때문입니다.

6. 연기 동작은 크게 4가지가 있습니다.

(1) 묘사하는 몸짓 – 특정한 사물을 표현할 때 쓰는 몸짓으로 마임적인 요소가 강합니다.

예) 거대한 코끼리를 표현할 때 두 팔을 크게 벌려 묘사하는 것.

(2) 지시하는 몸짓 – 무엇을 가리킬 때 하는 몸짓

(3) 강조하는 몸짓 – 어떤 말과 행동에 주의를 끌기 위해서 하는

몸짓
  예) 답답하다고 말하면서 주먹으로 가슴을 두들기는 행위
  (4) 자폐성에 빠져하는 몸짓
  다른 사람에게 의사를 전달하는 것이 아니라 스스로를 대상으로 하는 몸짓
  예) 전화를 하면서 상대방에게 적의를 가지고 있는데 대화는 부드러우면서 손가락으로 성냥개비를 부러뜨리는 행위
  위의 4가지 구분은 편의상 한 것이고 대부분은 두 개 내지 세 개의 몸짓이 복합적으로 일어납니다.

7. 대부분 초보 연기자들이 무대에서 눈길을 어디다가 두어야 할지 또는 손을 어떻게 해야 할지 안절부절 하는 경우가 많이 있습니다.
  시선 처리는 말을 하고 있는 배우나 사용중인 대도구나 소도구 또는 한 관객을 정하여 시선을 고정시키면 좋습니다.
  손의 처리는 대사를 연습할 때 동작을 구분하여 같이 연습한다면 어느 정도는 극복이 되겠습니다.

7. 몸의 자세와 인물성격
  쟁기질이나 김매기 같은 허리를 많이 사용하는 농부는 나이가 들면 자연히 허리를 굽히고 어깨를 움츠리는 몸의 자세가 됩니다.
  그와 반대로 깡패들은 항상 가슴을 펴고 걸음걸이도 위압적으로 걷겠지요. 이렇듯 극중 인물을 표현하는 데 있어서 몸의 자세 연구는 중요합니다.

8. 연기자는 대본을 분석하는 지적 능력을 가지고 있어야 합니다.
  모든 연기가 대본에 근거를 두고 하기 때문에 대본 분석 능력은 연기자의 기본 자질입니다.

좋은 연기를 하기 위해서는 많은 이론들이 있으나 다 실을 수가 없어서 중요하게 여겼던 부분과 다른 곳에서 비교적 언급하지 않은 내용을 중점적으로 적었습니다.

고급 연기를 원하거나 연기를 더 공부하고자 하는 분들은 스타니슬라브스키의 「배우수업」이나 「메소드 연기」라는 책을 사서 공부하시면 도움이 될 것입니다.

배우의 내재되어 있는 잠재력과 영혼의 힘이 결합한다면 아름다운 성극 배우가 될 것입니다.

버리시나이까?
▼
▼
▼
▼
▼
▼

"예수께서 제자들에게 이르시되 아무든지
나를 따라오려거든 자기를 부인하고
자기 십자가를 지고 나를 좇을 것이니라"

-마태복음 16장 24절-

■ 작품 해설

　이 작품은 크리스챤 신문사가 주최하는 제1회 성극 페스티발(후에 크리스챤 연극제로 개명)에 출품되어 기독교 백주년 기념관에서 공연되었으며 여자 연기상을 수상하기도 했습니다.
　처음에 유다의 증언이라는 1인극 형식의 모노 드라마로 썼다가 개작을 하였습니다.
　우리는 주위에서 많은 기독교인들이 병을 얻어 죽는 것을 목격합니다. 왜 예수 잘 믿는 사람이 병을 얻고 예수님의 능력으로 완치되지도 못할까요?
　특히 목사님이나 신실한 신자들이 불치의 병에 걸려 죽을 때면 이런 현상들이 이해가 안되었고 신앙적으로 암담하기만 했었습니다.
　이런 문제들에 대해서 고민하고 기도하고 상담을 통하여 극복한 다음에 쓴 작품입니다.
　여러분이 만약에 불치의 병이 걸린다면 어떤 신앙의 모습을 하고 있을까요?
　이 작품은 등장인물이 두 사람에 불과하고 전개방식도 거의 모노 드라마 수준이기에 많은 연습이 필요한 작품입니다. 다소 극의 전개 과정이 미숙하지만 열심히 준비하면 많은 은혜가 있는 작품입니다.
　전체적으로 독백 부분이 많으므로 배경음악을 효과적으로 삽입해야 합니다.
　특히 여자 배역의 기도 장면은 음악기도라는 개념으로 연출해야 합니다. 그리고 암의 통증에 따라 점점 변해가는 주인공의 모습을 심도있게 그려내야 합니다.
　"버리시나이까?"는 JESUS FESTIVAL, 성극 페스티발 공연을 비롯해 십여 차례 공연되었습니다.

버리시나이까?

﹒
﹒
﹒
﹒
﹒

때 : 현재
장소 : 병실

등장인물
최민경
가롯 유다
의사(목소리)

무대

무대 중앙에 병원 침대와 의자 그리고 병실 분위기를 표현하는 약간의 소도구가 필요하다.

막이 오르면 암전 가운데 의사의 목소리만 들린다.

목 소 리 : 최민경 씨! 검사결과가 나왔습니다. 음- 솔직하게 검사
결과를 말씀드리자면 혀의 조직검사 결과 최민경 씨는
설암의 3기에 해당하는 것으로 판명되었습니다. 지금으
로선 다른 치료방법이 없습니다. 최민경 씨의 생명을
구하기 위해선 혀를 절단하는 수술만이 최선의 방법입
니다. 물론 충격이 크시겠지만 결정을 빨리 내리셔야 이
수술도 성공할 수 있습니다.

무대 중앙으로 어슴푸레한 조명이 투시되면 최민경이 흐느끼고 있
다.

최 민 경 : 내 혀를 잘라야 한다고!
(사이)
(일어나 앉으며 애절한 목소리로 찬송가 528장을 부른
다.)
주여 나의 병든 몸을 지금 고쳐 주소서.
모든 병을 고쳐주마 주 약속하셨네.
내가 지금 굳게 믿고 주님 앞에 구하오니
주여 크신 권능으로 곧 고쳐 주소서.

이제 아름다운 찬송도 못 부르게 되고 "예수 믿고 천국
가세요" 하면서 전도도 못하게 되겠지. 무엇보다도 세
살바기 딸 아이의 자장가도 이젠 불러줄 수가 없단 말
인가.(긴 한숨)
내가 하나님께 무슨 죄를 저질렀기에 이토록 가혹한 벌을

내리시는 것일까? 아니면 또다른 뜻이 있으셔서 나의 혀를 자르려 하시는 것일까?
(머리를 세차게 흔들며) 도대체 난 알 수가 없어! 아무리 기도를 해도 응답이 없으니 어쩌란 말이야! (사이) 혹! 주님이 날 영원히 버리시는 것은 아닐까? (사이) 아니야! 나도 구약에 나오는 욥처럼 한팔이 잘리든 두 눈을 잃든 혓바닥이 잘려나가 벙어리가 되어도 내 신앙은 변함없이 굳건하게 신체적 조건이나 불행한 일을 당한다 해도 상관없이 오로지 주님을 바라보며 살고 싶어. 그래야 주님이 가장 사랑하시고 가장 아끼는 그 분의 자녀가 될 수 있겠지.
(사이) 과연 나도 욥처럼 살 수 있을까? (무릎을 꿇고 기도한다.)
내 마음에 파도가 일어납니다.
내 심령이 낙심됩니다.
내 영혼이 저 밑바닥으로 내려갑니다.
그 아무도 알지 못할 슬픔이 내게는 풍성합니다.
절망의 늪이 나를 가리고 사망의 그늘이 나를 휘어 감습니다.
답답함이 나를 엄습합니다.
어두움이 나를 두렵게 하고 광야의 메마름이 목 마르게 합니다.
세상의 고통이 나를 시리게 합니다.
절망의 빛이 가까이 올 때 주님을 바라봅니다.
주여! 도와주소서
주여! 내 병을 씻어 주소서.

이 세상 그 무엇보다도 주님을 위해 무엇이든 열심으로 살겠습니다.
나는 완전한 지체로 하나님께 영광 돌리기를 원하고 온전한 생각과 정신으로 하나님을 찬양하기 원하옵니다. 나의 상처와 허물을 안고서 어찌 하나님을 기쁘게 할 수 있을까요? 내 생애에 단 한번의 기적을 허락하여 주시옵소서.
나를 이 고통의 늪에서 건져 주시고 절망과 좌절 아닌 희망과 소망을 가지고 살게 하여 주옵소서.
윽-!(통증이 온다.)
내가 얼마나 주님을 믿고 의지했는가를 당신은 아시는 지요? 내 가진 모든 것으로 당신만을 섬기고 사랑하노라 했던 나의 고백을 당신은 분명히 들으셨는지요?
(통증이 더욱 심해진다.)
그렇담 어째서 마리아만이 주의 사랑을 받아야 합니까? 어째서 베드로만이 주의 가장 아끼는 제자가 되어야 합니까?
(큰 고통으로 격해진다.)
어째서 바울만이 주의 종이 되어야 합니까? 어째서 나사로만이 주의 살림을 받아야 합니까?
(통증으로 거의 정신을 못 차린다.)
심장이 터질 것 같아! 혓바닥이 불화살에 맞아 활! 활! 타는 것만 같아 헉! 헉!
(고통에 못이겨 링거주사 바늘을 뽑아 팽개친다.)
흑! 악! 도저히 참을 수가 없어! 엄마 살려줘! 여보! 여보! 당신 어딨어요!
(가슴을 쥐어짜며) 내가 왜? 이런 고통을 당해야 해!

온갖 어려움 속에서도 당신을 섬기고 순종하였는데…
입술과 혀로는 당신만을 찬양했었는데… 왜? 왜 내 혀가
잘려나가야 하지? 왜? 내가 이런 고통과 아픔을 당해야
하냔 말이냐! 왜? 내가 벙어리가 되난 말이야! 내가
뭘 잘못했는데 이런 벌을 받아야 하는 거지? 나는 이런
벌을 받아야 할 이유가 없단 말이야!
윽! (비명을 지르며 침대에서 굴러 떨어진다. 침대에서
떨어진 최민경. 한동안 넋을 놓고 있다가 눈동자의 초
점이 없어진다.) (사이)
그래 예수! (미친 듯이 웃는다.) 난 지금부터 당신을
부정하겠어! 당신을 섬긴 대가가 고작 이거였어! 고작
이것 뿐이라면 당신을 원망할 수밖에는 없지. 당신이
정말 하나님의 아들이라면 왜 나를 병들게 했으며 병든
나를 고쳐 주지도 못하는 거지? 난 당신이 원망스럽기만
해! 당신을 믿었던 내가 저주스럽단 말이야!
이제부터 당신을 철저히 배반하겠어. 아니지 배신 행위는
내가 먼저 한 게 아니야. 당신 예수가 먼저 나를 배반
한거야. 당신을 믿고 따르던 나를 이런 고통의 계곡으로
밀어 넣었으니 당신이 나를 배반한 셈이지.
당신이 제자로 삼아 회계를 맡길 만큼 사랑하였던 가룟
유다!
최후의 만찬에서는 그를 좌편에 앉게 하여 떡과 포도주를
나누어 주며 사랑했던 당신의 제자조차도 당신을 배신
하고 팔아 먹었잖아! 거기에 비하면 난 당신을 배반할
충분한 조건과 이유가 있는 거지. 당신 예수는 내 삶을
늘 불행하게 했으며 심지어 혓바닥도 잘라서 어버버!
아버버버! 벙어리로 만들려고 해. 당신이 나를 배신했

듯이 나도 당신을 부인하고 배반할거야!
(침대에 눕는다.) 내가 나중에 교인들에게 손가락질 당하고 욕지거리를 받아도 좋아. 더이상 나빠지거나 고통을 당할 그 무엇도 없으니까. 내게 남을 건 아무것도 없어. 남은 것이라곤 믿음의 허탈감 뿐이야. 나도 유다처럼 당신을 팔을 수만 있다면 그렇게 하고 싶을 뿐이야. (사이) 너무 힘들어. 이제 좀 자고 싶어(잠이 든다.)

F. O

가룻유다 : (무대밖 소리) 아니야 아니야! 나에게 예수를 팔아먹은
　　　　　배신자라고 하지마. 이제 그런 소리 따위는 집어 치워!
　　　　　(자욱한 안개가 깔리며 조명이 서서히 들어온다.)

최 민 경 : (놀라서 깨어나 사방을 두리번 거리며)누구예요? 누가
　　　　　말하는 거예요?

가룻유다 : (신비로운 걸음으로 등장한다.)난 가룻 유다요. 이천년간
　　　　　단 하루도 쉬지 않고 나에게 침을 뱉고 돌을 던지고 욕을
　　　　　하고 배신자라고. 여기서 수근 저기서 수근수근. 아!
　　　　　이제 이런 모욕을 당하기 싫어. 이제는 나를 잊어버릴
　　　　　때도 됐잖아. 이젠 나를 잊어 버려. 잊어 달란 말이야!

최 민 경 : 잊어! 어떻게 잊는단 말이죠? 당신은 예수로부터 넘
　　　　　치는 사랑을 받은 제자였어요. 그러나 당신은 예수를
　　　　　배반하고 팔아 먹었어요. 그 사실을 어떻게 잊으란 말
　　　　　이죠? (깔깔대며) 당신은 배! 신! 자!

가룻유다 : (광적으로 웃으며) 그래 내가 만인의 손가락질과 욕지
　　　　　거리를 한 몸에 받아온 유다요. 나의 스승 예수를 은
　　　　　서른냥에 팔아먹은 놈이지. 그래서 나는 손가락질과 욕
　　　　　지거리를 당해 싸다고 합시다. 그렇다고 해서 당신이
　　　　　나에게 배신자라고 침을 뱉을 수가 있단 말이요? 홍!
　　　　　물론 할 수 있겠지. 인간의 속성이란 다른 사람 눈 속에
　　　　　들어있는 티는 선명하게 보면서 자신 눈 속에 들어있는
　　　　　들보는 보지 못하는 것들이니까! 하지만 나 유다의 욕을
　　　　　하기 전에 당신 자신은 어떻소? 예수님은 죄를 짓지
　　　　　않은 자만이 저 창녀에게 돌을 던지라고 했습니다. 여
　　　　　기에 있는 당신이 떳떳하게 나를 향해 배신자라고 욕을

할 수 있소 ? (사이)
지금 예수님의 눈에서는 눈물이 흐르고 있을지도 모르죠.
최민경 당신같은 사람들 때문에… 당신네들은 날마다
예수님을 부정하고 배반하고 있어. 당신들은 내 배신과
배반을 욕하면서 자기 자신의 배신과 배반을 감추려 하고
있어. 바로 당신도 예수를 배신하고 있잖아 ! (허탈하게
웃으며) 그렇지 ! 아무리 이런식으로 떠들어 봐야 아
무런 소용도 없이. 한낱 옆집의 개가 짖는 소리 정도로
밖에는 들리지 않겠지.

최 민 경 : (빈정거리며) 아닌 밤에 홍두깨라더니 자다 일어나서
봉창 두들기는 격이야. 여보시오 유다 양반 ! 내가 언제
내 배신을 감추려고 당신을 매도했나요 ? 난 적어도 그런
적 없어요. 당신은 예수의 사랑을 듬뿍 받은 제자였어요.
그런 당신조차도 스승인 예수를 배신하고 팔아먹었어요.
그러나 나는 예수를 믿고 따르고 섬겼는데도 고작 예수가
나에게 준 것이라고는 고통 당하며 혀가 잘리게 해서
벙어리가 되게 한 것 뿐이에요. 그런 내가 예수를 배반
하는 것이 당연하다고 생각지 않아요 ?

가롯유다 : (괴로워 하며) 나 유다도 내 나름대로 나의 스승 예수를
사랑했었소.

최 민 경 : 오- 그랬어요 ?

가롯유다 : 하지만 그 사랑이란 베드로를 물 위로 걷게 하고, 보리떡
다섯 개와 물고기 두 마리로 오천 명을 먹게 하고, 소경의
눈을 뜨게 하고, 앉은뱅이를 걷게 하는 그의 놀라운 능
력으로 이스라엘의 왕이 되어 로마의 속박에서 벗어날

수 있다는 어떤 일종의 기대감이었소. 하지만 예수는 피끓는 제자들과 수많은 사람들의 기대를 실망시켰소.

최 민 경 : 오라— 그러고 보니 당신도 나와 같은 이유가 있었군요.

가롯유다 : 나는 3년 동안 예수님을 따라 다녔습니다. 예수님이 굶주릴 때 같이 굶주렸고, 예수를 적대시 하는 자들로부터 모욕을 당할 때 같이 수모를 겪으면서 그렇게 정처없이 나그네 생활을 해왔소. 그러나 그처럼 충성스럽게 따라 다니던 추종자들이나 나에게 해준 것이 아무것도 없었소.

최 민 경 : 나와 비슷했군요.

가롯유다 : 나는 어느 날 참다못해 예수님께 따졌습니다. 생업을 내던지고 처자식도 팽개친 채 당신을 따르는데 무엇인가 보상이 있어야 할 게 아니냐고… 그랬더니 예수께서는 아주 조용한 음성으로 "그 보상으로 영원한 진리와 영원한 생명을 주겠노라." 하시더군요.
영원한 진리, 영원한 생명! 눈에 보이지도 않고 손에 잡히지도 않는 영원한 진리, 영원한 생명 따위가 우리에게 무슨 소용이 있어. 아무 소용도 없어!

최 민 경 : 맞아요. 실존하는 삶 속에서 아무런 고통없이 행복하게 살아야지. 그까짓 추상적인 영원한 생명, 영원한 진리 따위가 지금 당장 우리에게 무슨 소용이 있어요. 예수 그 자는 사기꾼에 불과해요.

가롯유다 : (회상하듯이) 난 가야바에게 갔습니다. 찐득찐득한 어두운 밤을 뚫고… 내 생전에 그런 칠흙같이 어둔 밤은 처음이었소. 자아조차도 지워버릴 만큼 깊은 침잠 속에

빠진 듯한 어두움, 그 때 앞으로 걷고 있는 나와 뒤돌아 가고 있는 나와의 괴이한 만남이 시작되었소. 처음이 아니면서 처음인 듯한 이 모습이 하나이면서 하나가 아닌 나의 실체인지……. 한 몸뚱이면서 한 마음이 아닌 나의 갈등인지. 잠깐 멈추어 정신을 차리려 했었지. 그 때 무거운 밤의 손길이 나의 어깨를 지긋이 누르며 무언가를 속삭였어. 그리고는 홀린 듯이 이끌려서 가야바에게 미친듯이 딜러 갔어. (격징) 예수님은 어차피 붙잡히게 되어 있었고, 예수님도 그 사실을 알고 있었어. 나의 스승 예수는 하늘나라가 더욱 소중했겠지만 난 나의 조국 유대의 독립이 더욱 소중했단 말이야!

그런데 빌어먹을… 내 손에는 벌써 가야바에게서 받은 돈 주머니가 쥐어져 있었고, 그 돈 주머니가 너무 무거워서 땅바닥에 떨어 뜨렸지. 많지도 않은 은 30냥이 왜 그리도 무거웠던지.

스승님이 말씀 하시던 죄많은 우리 인간들의 죄값이어서 그리도 무거웠던지……. 다시 돈 주머니를 집어 드는데 허리가 휘청이더군. 그렇지만 꽉 움켜쥐고는 길을 되돌아 가서 가야바 앞에 돈 주머니를 내동댕이 쳤어.

그리고는 십자가 행렬이 골고다 언덕으로 올라가는 모습을 멀리 떨어진 곳에서 서서 보았어. 도저히 가까운 곳에서 예수님의 모습을 지켜 볼 엄두가 나질 않았지.
(사이)
십자가는 몹시도 무거워 보였고, 여위고 지친 예수님의 몸을 사정없이 짓누르고 있었어. 조롱과 멸시가 가득했고, 세상의 온갖 짐이 저주와 미움이 그의 어깨에 가득 실려 있는 것 같았지. 얼마 못가서 예수님이 비틀거리다

쓰러졌지. 로마 병정놈이 채찍으로 사정없이 후려쳤어!
바로 그때! 슬픔을 누르고 미소짓는 그 분의 눈이 나를
바라보고 있었어. 마치 너 유다는 세상에 태어나지 말
았어야 했다는 듯이. 불쌍하게 아니 용서한다는 눈빛으
로…….
머리에는 가시 면류관을 쓰고 채찍질로 갈기갈기 찢겨
나간 몸으로 십자가를 지신 예수님을 보았어. 정말 미
치고만 싶었어. (사이) 난 비로소 그때 알게 되었지.
십자가의 고난을 통해 우리에게 보여준 예수님의 행동
에서 예수님만이 모든 악덕과 불의와 부자유와 고통을
몰아낼 수 있다는 것을……. 오! 나의 스승 예수여!

최 민 경 : (눈물을 닦으며)예수님이 우리의 죄 때문에…

가롯유다 : 우리 때문이 아니라 바로 나 때문입니다.

최 민 경 : 그- 그래요. 나 때문이에요. 그러나 예수님은 왜 나에게
이런 고통을 주는 거죠?

가롯유다 : (잠시후)뭐라고 말하기는 어렵군요. 하지만 내가 확실
하게 대답할 수 있는 것은 당신이 암의 고통으로 울부
짖을 때 예수님도 당신 곁에서 같이 슬퍼하고 아파 하
신다는 사실입니다. 그러나 예수님이 더욱 슬퍼하시는
것이 있습니다.

최 민 경 : 더욱 슬퍼하시는 것이라뇨?

가롯유다 : 예수님을 더욱 슬프게 하는 것은… 최민경 당신이 아픔을
참지 못하고 예수님을 욕하고 부정하는 말을 서슴치
않았던 것입니다.

최 민 경 : 예수님이 먼저 나를 버리셨다고 생각해서 그랬죠.

가롯유다 : 예수님은 우리들에게 어쩌면 신발과도 같으신 분이에요.

최 민 경 : 신발이라뇨 ?

가롯유다 : 우리가 신고 다니는 신발이요. 우리는 신발을 신고 마른 땅과 평탄한 길도 가지만 솔밭길과 질은 땅, 가시밭 길도 신을 신고 걸어 갑니다. 신발은 그 때마다 아무말 하지 않고 우리의 육신을 고스란히 짊어지고는 험한 길을 묵묵히 걸어갑니다. 그러나 신발이 닳아서 떨어지면 인간들은 신발을 벗어서 쓰레기통에 쳐 넣고는 뒤도 안돌아 보지요. 예수님은 바로 그 쓰레기통에서 울고 계십니다. 당신의 신앙도 쓰레기통에서 울고 있습니다. 당신은 왜 모르십니까. 이 시간에도 주님은 당신을 위해 애쓰고 계시다는 사실을요. (사이)
새벽이 다가 오는군요. 모든 것을 깨닫고 후회했던 내가 더욱 잘못한 것은 내가 자살을 했다는 사실입니다.
(침통)무죄한 분을 배반하고 십자가에 못 박히도록 팔아넘긴 내 자신의 죄에 대해 죽는 길 밖에는 보상할 길이 없다고 판단했었죠. 그게 얼마나 어리석은 생각이었는지. 비록 잘못은 저질렀지만 자살만 하지 않았다면 베드로처럼 회개해서 주님을 위해 목숨을 바칠 수도 있었을 것을…. 그러나 돌이킬 수 없는 두번의 잘못된 생각으로 말미암아 나는 영원한 멸망으로 떨어져 버렸습니다. 회개하고 돌아서기만 하면 날 용서하고 받아주실 주님의 큰 사랑을 진작 깨닫지 못하고…….
최민경 씨, 잘못은 누구나 할 수 있습니다. 그러나 늦기 전에 회개하십시오. 주님은 용서하시고 받아주실 큰 사랑을 가지고 계십니다.
(메아리처럼 여운을 남기며 사라진다.)

최 민 경 : (무릎을 꿇으며)오! 주님을 아프시게 한 것은 쓰라린 가시 면류관이 아니었습니다.
주님을 아프시게 한 것은 수치와 조롱의 침 뱉음이 아니었습니다.
주님을 아프시게 한 것은 연거푸 내리치는 채찍질이 아니며 날카로운 창 박히심도 아니었습니다.
주님을 아프시게 한 것은 우리의 배반이요, 주님을 아프시게 한 것은 우리의 불순종이며, 주님을 아프시게 한 것은 주님의 마음을 모르는 우리의 무지였습니다.
오! 주여 주님을 욕되게 하고 부정하고 배신하는 말을 서슴치 않았던 나의 혀를 자르시고 나를 용서하여 주시옵소서. 주님 뜻대로 살겠나이다.

F. O

어둠 속에서 의사의 목소리가 들린다.

의   사 : (목소리)최민경 씨 수술이 곧 시작됩니다. 수술을 마치면 예전처럼 말을 하실 수가 없게 됩니다.
수술이 시작되기 전에 마지막 말을 해 보세요. 마지막 말을…….
(무대가 차분히 밝아온다.)

최 민 경 : (조용한 음성으로)
주여 내가 무엇을 바라리요.
나의 소망은 오직 주께 있나이다. 주여 감사합니다.

조명이 어두워지면서 서서히 막이 내린다.

시나브로

▼
▼
▼
▼
▼
▼

"너는 두려워말라
내가 너를 구속하였고
내가 너를 지명하여 불렀나니
너는 내 것이라"

— 이사야 43장 1절 —

■ 작품 해설

시나브로는 브니엘의 대표작입니다.

시나브로란 틈틈히, 간간히 모르는 사이에 멀어진다는 순수한 우리말입니다.

처음에는 '세상을 변화시키자'라는 제목의 단막극이었지만 2장과 3장을 만들어 총 3장으로 완성되었습니다.

이 작품에서 성극은 거룩해야 한다는 통념을 깨고 거친 욕설과 신랄한 풍자가 작품 전체에 가득합니다.

또한 재치있는 대사와 거친 몸짓으로 리듬감과 긴장감을 더하여 관객이 지루할 틈이 없을 정도고, 유머와 웃음이 곳곳에 배어 있습니다.

여자 죄수 6명의 연기 앙상블이 특히 빛을 발했던 공연 작품이었습니다.

연극이 갖추어야 할 재미있는 요소들을 갖추고 있으면서도 은혜와 감동을 충분히 맛볼 수 있는 성극입니다.

다소 거친 욕설과 대사와 몸짓으로 공연전에 약간의 우려가 있었지만 공연후 그런 우려를 말끔히 씻을 수가 있었습니다.

아마 정형화 되고 형식화 되어 있는 다른 성극들에 비하여 신선한 충격으로 관객에게 어필하지 않았는가 생각됩니다.

공연 소요시간은 1시간 20분입니다.

공연시간이 말해주듯이 충분한 계획과 연습이 필요한 작품입니다.

그리고 6명의 여죄수 역은 고도의 연기 앙상블이 이루어져야 하는데, 특히 바리새인 역과 그림자 역은 가창력과 함께 연기력이 뒷받침 되어야 합니다.

이 작품은 혜화동 한마당 예술극장, 사랑의 전화 소극장 등에서 총 14회 공연되었습니다.

시나브로

⋮

등장인물
살인범(여죄수 1)
절도범(여죄수 2)
사기범(여죄수 3)
간통범(여죄수 4)
정치범(여죄수 5)
바리새인(여죄수 6)
그림자

무대
별다른 무대장치는 없어도 된다.
 후면 우측에 쇠창살 창문 정도로 교도소 내의 감방 분위기를 나타낸다.
 왼쪽 벽면에 출입문이 있고, 뺑끼통(화장실)은 후면에 위치해야 하지만 무대 구성상 왼쪽 끝 전면(객석 쪽)으로 가정하고 연기한다.

－제 1 장－

    막이 오르면 어느 교도소의 감방에 다섯 명의 여죄수가 무료한 시간을 보내고 있다.

간 통 범 : (짜증)목욕을 못한 지가 이틀이나 지났어!
          (지긋이 눈을 감고)장미 향기가 은은히 풍기는 핑크빛 욕조에 몸을 담그고(콧노래를 흥얼거리며) 월광 소나타를 들으면…….

절 도 범 : 김밥 옆구리 터지는 소리하네! 야 이년아! 여기는 빵깐이라구 니네집 안방인 줄 알아?

간 통 범 : (쫑알거리듯)흥! 별꼴이 반쪽이야. 도둑년 주제에

절 도 범 : 아니, 저년이… 여물통 닫지 못해! 오늘 제사상 차릴래? 생긴 건 꼭 여우같이 생겨서 사내 홀려 등이나 쳐 먹고 사는 년이…….

간 통 범 : 말이면 다 말인줄 알아요? 등쳐 먹긴 뭘 등쳐 먹어요. (삿대질)그러는 댁은 잘난 거 있어서 쇠고랑 찼어요?

절 도 범 : 이게 어디다가 삿대질이야! 이걸 그냥!

간 통 범 : (머리를 들이대며)어디 쳐보시지.

정 치 범 : (사이에 끼어 들면서) 자! 자! 고정들 하세요. 죄수 유권자 여러분!
　　　　　우리는 한 배를 타고 있는 공동 운명체입니다. 그런 우리가 이렇게 아웅다웅 싸워야 합니까? 이래서 정치라는 것이 필요한 것입니다. 지도자가 없으니까 서로 싸움만 일어나고 아무튼 이 감방의 평화를 위해서는 인격과 능력을 겸비한 사람을 뽑아 이 감방의 치안과 질서를 유지해야만 합니다.
　　　　　여러분이 이 사람을 믿고 한 표 찍어 주신다면 여러 유권 죄수님들을 위해 이 한 목숨 바치겠습니다.

사 기 범 : (죄수들을 선동하며) 자! 자! 박수! 박수! 와-

정 치 범 : 감사합니다. 감사합니다. 특히 4242번 유권 죄수님께 더욱 감사드립니다.

사 기 범 : (정치범을 구석으로 살짝 부르며)내가 정치자금을 팍팍 밀어 주겠어요.

정 치 범 : 예? 정말이예요? 감사합니다.
　　　　　(은밀한 목소리로)그런데 얼마 정도나……?

사 기 범 : 큰걸로 다섯 장 정도면 되겠어요?

정 치 범 : (입이 함지박 해지며) 정말이에요?

사 기 범 : (딴청을 피우며 작은 소리로) 물론 거짓말이지.

정 치 범 : 뭐라고요?

사 기 범 : (계속 능청)사기쳤다고 그랬다 이년아.

정 치 범 : (다가서며)예? 잘 못들었는데요?

사 기 범 : (귀를 힘껏 잡아 당기며 큰 소리로) 사! 기! 쳤!
다! 이젠 됐냐?
(모든 죄수들 박장대소한다.)

살 인 범 : 저년 여기서도 사기치고 있어.
제버릇 남 못준다니까!
(이때 감방문이 열리며 신입 죄수 들어온다.)

바리새인 : 안녕들 하ー 세ー 요.
(죄수들의 싸늘한 눈초리에 주눅들어서 허리만 약간
굽혀서 다시 인사한다.)

사 기 범 : 넌 뭐야?

바리새인 : (기어들어가는 소리로)새로 들어왔어요.

절 도 범 : 어쭈! 목에다 기브스 했지.
자세 낮추지 못해! 더 낮춰. 더! 더! 그래. 그 자세로
여기까지 기어서 와!

살 인 범 : 얘들아! 신입식 치를 준비해라.

사 기 범 : (헛기침)지금부터 신입죄수 신고식을 거행하겠습니다.
(살인범을 제외한 죄수들 모두 일어나서 손나팔로 팡
파르를 울린다.)

살 인 범 : (손으로 제지하며)복창해 죄수선서 하나!

바리새인 : 죄수 선서 하나.

살 인 범 : 소리가 작아 다시!

바리새인 : 죄수 선서 하나.

살 인 범 : 이것봐라. 한 번 개겨 보겠다 이거지. 너 죽고 싶어? 난 막가는 인생이야.
한 명 죽였으니 거기서 한 명 더 죽여봤자 어차피 살인자이긴 마찬가지지. 죽고 싶지 않으면 똑바로 해 이 닌아! (발길질) 다시 복창!

바리새인 : 죄수 선서 하나!!

사 기 범 : 저년 기차 화통을 삶아 먹었나

절 도 범 : 주면 주는 대로 먹는다!

바리새인 : 주면 주는 대로 먹는다!

살 인 범 : 죄수 선서 둘!

바리새인 : 죄수 선서 둘!

사 기 범 : 신나게 때리면 졸나게 맞는다!

바리새인 : 신나게 때리면 졸나게 맞는다!

살 인 범 : 죄수 선서 셋!

바리새인 : 죄수 선서 셋!

간 통 범 : 하루 선배를 조상같이 모신다!

바리새인 : 하루 선배를 조상같이 모신다!

정 치 범 : (복창을 제지하며)신입 죄수 유권자님! 여기서는 복창과 동시에 선배죄수에게 일일이 큰 절을 올려야 합니다. 그렇게 안하면 (인상을 찌푸리며) 뺑끼통 안에서 3일 동안 지내야 하는데 푸세식 변소라서 얼마나 냄새가 고약한지 까무러 지는 사람도 있어요. 나중에 한 표 꼭 부탁드립니다.
(바리새인, 죄수들에게 큰 절을 하며 복창한다.)

살 인 범 : 신고식은 뭘로 하지?

절 도 범 : 김일성 눈갈 빼기!

정 치 범 : 아리랑 고개!

간 통 범 : 더 신나는 거 없을까?

사 기 범 : 운전면허 시험! 새로나온 신고식인데 아주 재미있어!

살 인 범 : 좋아! 신고식은 운전면허 시험이다

절 도 범 : 일단 숙달된 조교의 시범이 있겠습니다. 조교 앞으로! 시범 실시!

사 기 범 : (엎드리며) 기본자세! 시동 넣고, 부르릉! 부르릉! 직진! 후진! 우측 깜박이 하면 우측 다리 들고, 좌측 깜박이 하면 좌측 다리 들기. 우회전 하면 우측으로 돌고, 좌회전 하면 좌측으로 돌기. 나머지는 응용 동작! (일어선다. 요란한 박수) 너 똑바로 못하면 초상 치를 줄

알아. 준비! 시동 걸고, 기아 1단부터 천천히 직진!
시속 30km, 40km, 50, 60, 70, 80, 90 급정거! 후진!
더 빨리. 정지! 다시 직진, 좌측 깜박이! 좌회전! 우측
깜박이! 우회전!
(죄수들 신이 나서 제각기 한마디씩 한다. 신입 죄수
이윽고 지쳐서 쓰러진다.)

절 도 범 : 성능이 영 형편 없구나.

간 통 범 : 차 스타일도 너무 후졌어!

살 인 범 : 너는 이제부터 뺑끼통 수문장이야. 저기 뺑끼통으로 찌
그러져!
(바리새인 짐을 챙겨들고 일어서다가 성경책이 떨어진
다.)
종교는 뭐야?

바리새인 : ……

살 인 범 : (위압적인 소리로)종교?

바리새인 : 기- 기독교입니다.

살 인 범 : 기독교? 예수쟁이? (침을 뱉으며) 아이 재수 없어!
난 예수쟁이만 보면 온 몸에 닭살이 올라.

절 도 범 : 나도!

사 기 범 : 나도!

간 통 범 : 나도!

정 치 범 : 종교의 선택은 자유이므로 난 정치적 중립이에요.

죄 수 들 : 지랄하네!

살 인 범 : 복창해! 나는 예수쟁이입니다.

바리새인 : …….

절 도 범 : (머리를 잡아채며)따라해! 이년아!

바리새인 : (겁에 질려)잘 하겠습니다.

절 도 범 : 빨리해!

바리새인 : (큰 소리로)나는 예수쟁이입니다.

C. O

F. I

모두가 잠이 든 새벽녘.
바리새인만 깨어나 기도한다.

바리새인 : 이 악마의 소굴에서 나를 지켜 주옵소서. 사탄의 세계에서 보호하여 주시옵고 저들은 마귀 새끼들이니 주님의 불칼로 저들을 심판하여 주시옵소서!

살 인 범 : (부스스 일어나며)야! 너 지금 뭐라 그랬어? 뭐? 마귀새끼? 불칼로 심판을 해.
(죄수들을 깨우면시)아! 아! 뻘리 일어나! 저년이 우릴 보고 마귀 새끼들이란다. 진짜 웃기는 년이야. 지나 나나 똑같이 죄짓고 빵간에 들어온 죄수들인데 뭐가 어쩌구 저째?
저년이 쉰소리 하네.

간 통 범 : 웃기는 지지배야! 나도 사회에 있을 때 잘 나가던 여자였어.

절 도 범 : 니기미! 저래서 예수쟁이들은 정말 재수가 없다니까.

사 기 범 : 저런 년은 사기 치기도 더러운 년이야.

정 치 범 : 민주사회로 가기가 이렇게 험난하단 말인가.

살 인 범 : 저 예수쟁이를 십자가에 매달아!
(죄수들 바리새인에게 몰려들어 양팔을 억지로 벌려 벽에 세운다.)

사 기 범 : (뾰족한 젓가락을 찾아 들고는) 너를 예수처럼 십자가에 못박아 주마.

바리새인 : (비명을 지르며 엎드려 빌며)잘못했어요. 제발! 한번만 용서해 주세요. 뭐든지 시키는 대로 다 할께요.

살 인 범 : 정말이야?

바리새인 : 네! 어느 안전이라고 제가 거짓말을 하겠어요.

살 인 범 : 좋아! (부처 형상을 하며) 나는 부처다. 예수쟁이들은 우상 숭배를 죽어도 안한다지? 자! 난 부처야! 어서 나에게 절을 해!

바리새인 : (비굴한 웃음으로 굽신거리며)잘 부탁해요. 굽어 살펴 주세요. (큰절을 한다.)

절 도 범 : 예수쟁이도 별 수 없구나.
(배를 만지며) 아랫배가 살살 아프네.

간 통 범 : 너 알고 보니까 사이비 신자였어!

사 기 범 : 저래서 예수쟁이들은 재수가 없다니깐. 지들 편할 때는 오! 주여 감사합니다. 저에게 더욱 복을 내려 주시옵소서.

정 치 범 : 우리 남편 사업 번창하게 하옵소서! 우리 자식 꼭 합격하게 하옵소서!

죄 수 들 : 비나이다 비나이다. 하나님께 비나이다!

절 도 범 : 어휴! 배 아파. 도저히 못 참겠네.(뺑끼통으로 달려간

다.)

간 통 범 : 니네 하나님은 참 불쌍하다. 너 같은 지지배를 여태까지 잘 먹고 잘 살게 했으니 얼마나 불쌍하니. 니네 하나님이란 아저씨는…….

살 인 범 : 예수쟁이가 감방에 다 오다니 세상이 말세야.

사 기 범 : 오! 마이 갓! 지저스 크라이스트!

절 도 범 : 어! 휴지를 안 갖고 왔네! 야! 사기범 휴지 좀 갖다 줄래?

사 기 범 : 알았어. (휴지를 찾다가) 없어!

절 도 범 : 그럼 어떻게 해!

사 기 범 : 내가 아냐, 니가 재주껏 적당히 처리하렴.

절 도 범 : 제기랄! 어떻게 하지. 아, 그래. 야! 예수쟁이 성경책 좀 갖다주라 성경책 종이는 보들보들한 게 휴지 대용으로 아주 제격이지. 빨리 가지고 와!

사 기 범 : 빨리 갖다 줘!

바리새인 : 네!

간 통 범 : 저 기집애 착하네.

정 치 범 : 예수쟁이들이 착해야 되는 건 의무야.

사 기 범 : 웃기고 있네! 착한 척 하는 거지. 매에는 장사가 없다고들 하지만 소위 신앙인이 저래도 되는 거야. 자기에

불리하거나 불이익이다 싶으면 간에 붙었다, 쓸개에 붙
었다 하는 것들!

절 도 범 : 어! 시원해. 나 오늘 마태복음으로 닦았다.

사 기 범 : 잘했다 이년아.

살 인 범 : 그 성경책 이리 가지고 와. 나도 있다가 가야 돼.
(성경책을 빼앗아 들고 아무 곳이나 한 장 찢어 코를
푼다.)

　잠시 무료한 시간이 흐른다.

정 치 범 : (무료함을 깨며)옷깃만 스쳐도 인연이라는데 우리 서로
신상이나 알고 지냅시다

살 인 범 : 좋아! 심심하던 차에 구라나 풀면서 시간을 죽여볼까.
누구부터 할래?

사 기 범 : (절도범을 쿡 찌르며) 야, 너부터 해!

절 도 범 : (우쭐거리며)까짓거 내가 테이프 끊지. (일어서며)난
말이야. 정말 불쌍한 년이야. 너무 배가 고파서 찐빵 하나
훔쳐 먹다가 잡혀서 이 곳에 왔어. 나 혼자 먹으려고
한 짓도 아닌데. 난 쟝발장처럼 지지리도 복이 없는 년
이야! 이 빌어먹을 세상!

살 인 범 : (벌떡 일어서며) 너는!

사 기 범 : 절!

간 통 범 : 도!

정 치 범 : 범!

살 인 범 : 너는 도둑년이야.

사 기 범 : 도둑년 주제에 쟝발쟝 들먹이고 있어!

간 통 범 : 지지배야! 사지육신 멀쩡한 게 왜 남의 것을 훔쳐

정 치 범 : 너는 사회의 쥐새끼야!
(죄수들 "쥐새끼"를 외치며 주위를 빙글빙글 돈다.)

간 통 범 : 난 말이야. 정말 그 남자 사랑했어! 사랑했던 죄밖엔 없어. 사랑도 죄야? (죄수들 "응"이라고 대답한다.) 내 사랑은 젊은 베르테르의 슬픔이야. 아내에게 사랑을 느끼지 못하는 한 남자를 구원해 준 사랑의 구원자야!

살 인 범 : (벌떡 일어나며)너는!

절 도 범 : 간!

사 기 범 : 통!

정 치 범 : 범!

살 인 범 : 너로 인하여 한 여자가 우는데도 구원자야!

절 도 범 : 넌 가정을 파탄시켰어.

사 기 범 : 어이구 이년아! 세상에 무슨 할 짓이 없어서…….

정 치 범 : 너는 세상에서 제일 치사한 년이야!
(죄수들 "치사한 년"을 외치며 주위를 돈다.)

간 통 범 : (큰 소리로) 간통법은 꼭 폐지해야 돼!

사 기 범 : 난 너희들 하고는 수준이 틀려. 나로 말할 것 같으면 예술가이지. 그럼 어떤 예술가냐 그림을 그리는 화가도 아니요 피아노를 치는 음악가는 더욱 아니요. 이 어지럽고 복잡한 세상을 요리조리 피해가는 처세의 예술가! 처세의 예술가! 이 얼마나 멋진 말이야.

살 인 범 : (일어서며)너는!

절 도 범 : 사!

간 통 범 : 기!

정 치 범 : 범!

살 인 범 : 불쌍하고 가난한 사람들 거짓말로 돈 가로채는 것도 예술이냐?

절 도 범 : 그 좋은 머리로 사기를 쳤니 공부를 했어봐.

간 통 범 : 세상이 말세라니까.

정 치 범 : 너는 사회의 쓰레기야.
(죄수들 "쓰레기"를 외치며 주위를 돈다.)

사 기 범 : 쓰레기 분리수거를 생활화 합시다.

정 치 범 : 죄수 유권자 여러분! 나는 조국과 민족의 영광을 위해 이 한 다 바쳤습니다. 그러나 정적들의 정치 공작에 의해 억울하게 희생되었습니다.
난 여러분의 혁명 투사입니다. 저를 다시 국회로 돌려

보내 주신다면 여러분의 특별사면을 위해 애쓰겠습니다. 물론 정치자금을 헌납하는 사람에 한해서 입니다.

살 인 범 : (일어서며) 너는!

절 도 범 : 정!

사 기 범 : 치!

간 통 범 : 범!

살 인 범 : 뇌물 받아 먹는 정치가도 애국자냐?

절 도 범 : 너 같은 정치가들 때문에 살기가 어려워서 도둑질 하게 되는거야.

간 통 범 : 세상이 말세야.

사 기 범 : 너는 나라를 망친 망치가야!
(죄수들 "망치가"를 외치며 주위를 돈다.)

살 인 범 : (주위를 위압하며)너희들 욕하면 죽여버릴 거야. 난 정당방위였어. 거 뭐시냐 죄와 벌에 나오는 주인공 라스크라니코… 하여튼 죄와 벌에 나오는 그 주인공처럼 억울해!

절 도 범 : (주눅 들어서) 너는!

사 기 범 : (기어드는 소리로)살!

간 통 범 : 인!

정 치 범 : 마!

(죄수들 눈치를 보며 "살인마"를 외친다.)

살 인 범 : 너희들 다 죽고 싶어!
(정적, 긴장감의 고조) (사이) (바리새인에게 다가선다.)
이젠 너의 죄명을 말해!
(죄수들 소리없이 바리새인을 에워싼다. 싸늘한 눈초리)

바리새인 : (비명을 지르며) 이 회개할 줄 모르는 악마의 자식들아!
오! 주님 사탄의 새끼들로부터 이 어린양을 구하옵소서!

살 인 범 : 저 예수쟁이를 죽여!
(바리새인을 에워싸고 짓밟는다. 난장판, 아귀다툼, 죄수들 서로 뒤엉켜 싸운다. 아우성, 난무하는 욕설)

F. O

－제 2 장－

취침등 불빛 사이로 스며드는 검은 물체. 어디서 나타났는지 알 수기 없다. 마치 그림자처럼 살며시 움직이는 음영. 부시럭 대는 소리. 무엇을 찾고 있는듯 하다. 똑딱 소리와 함께 한 줄기 빛. 손전등으로 여기저기를 비추다가 자기 턱 밑에서 얼굴 위쪽으로 비춘다. 장난끼가 가득 베어나는 얼굴과 표정. 씩 웃고는 손전등으로 한 사람씩 비추며 찾다가 바리새인 앞에서 고개를 끄덕인다. 잠시후 의미심장한 웃음으로 가방에서 빗자루를 꺼내어 실 한오라기를 뽑아 바리새인 코밑을 간지럽힌다.

바리새인 : (하품)왜 이렇게 콧구멍이 간지럽지. (이리저리 둘러보다가 살인범이 베고 자는 성경책을 살며시 빼내어 한 장을 찢어낸다. 그리고 코를 풀고는 다시 잔다.) 아― 졸려.
(그림자 분개하며 바리새인의 코를 힘껏 비튼다. 바리새인의 옅은 비명) 아얏! 누구야? 당신은 누구예요? 가―ㅇ―도, 강도!

그 림 자 : 쉬!

바리새인 : 소리 지르기 전에 빨리 나가요.

그 림 자 : 소리 질러 보시지.

바리새인 : 난 지를 수 있어. 정말 지를거야.

그 림 자 : 질러 보시라니깐 여기가 바로 강도 소굴인 줄 까맣게
         잊어 버렸군.

바리새인 : 아참! 여긴 감방이지. 당신 누구예요?

그 림 자 : 차츰 알게 되겠지요.

바리새인 : 아- 너는 신입 죄수구나.
         너 내가 누구인 줄 아니? 나로 말할 것 같으면 너에겐
         염라대왕보다 더 무서운 존재지. 너에 바로 윗 고참이
         니까 니 자리는 여기 뺑끼통 옆이니까 찌그러져!

그 림 자 : 내가 왜 뺑끼통 옆으로 찌그러져야 해요?

바리새인 : 이년이 욕 나오게 만드네. 이년아! 똥물도 파도가 있는
         거야. 넌 신참내기니까 당연하지. 이년 이거 멍청이 초
         범이잖아.

그 림 자 : 이년 저년 하지마! 듣는 년 기분 나쁘다 이년아!

바리새인 : 어쭈! 개기겠다 이거지? 너 죽을래? 한 명 죽이나
         거기서 한명 더 죽이나 어차피 난 계돈 띠어먹은 막가는
         인생이야.

그 림 자 : (기가 차서)구제불능이군.

바리새인 : (행색을 살피며)복장이 괴상망칙하네. 당신 정체가 뭐

예요?

그 림 자 : 오늘밤의 수수께끼!

바리새인 : 난 흥미 없어요.

그 림 자 : 앞으로 흥미있을 거예요. 그 분이 그랬는데 이번이 당신에게 마지막 기회가 될지 모른댔어요.

바리새인 : 그 분이라뇨?

그 림 자 : 그 분 몰라요?

바리새인 : 누군데요?

그 림 자 : 그 분!

바리새인 : 그 분?

그 림 자 : 응 그 분!

바리새인 : 그 분?

그 림 자 : 당신이 내쫓았던 그 분!

바리새인 : 누구지?

그 림 자 : 그 분은 피눈물을 흘리며 나에게로 오셨어요.

바리새인 : 시어머니?

그 림 자 : 그 분은 아주 현명하신 분이지요.

바리새인 : 시고모?

그 림 자 : 그 분은 당신 집에 살았었어요.

바리새인 : 도대체 누구예요? 워낙 시댁 떨거지들이 많아서 누군지 알 수가 있어야지요. 내가 그 떨거지들을 쫓아 버리는데 얼마나 힘이 들었는지 알아요?

그 림 자 : (빗자루와 쓰레받기를 꺼내서) 이게 뭔 줄 아시겠지요?

바리새인 : 그야…….

그 림 자 : 물론 아시겠죠. 이건 쓰레기를 치우는데 아주 유용한 도구들이죠. 그 분이 이걸로 당신 집 청소를 해 두랬어요. 다시 오시겠다고.

바리새인 : 그 떨거지들이 다시 온데요? 아휴! 내가 미쳐. 교도소 들어온 사이에 쳐들어 오겠다는 얘긴데 흥! 어림도 없지.

그 림 자 : 그런데 이 도구들이 쓸모 없겠어요.

바리새인 : 잘 생각했어요. 그 쪽에서 얼마 받았는지 모르지만 내가 그 액수에 두 배를 줄테니 나와 다시 거래해요.

그 림 자 : 당신 집은 핵 폐기물 처리장 같아서 이걸루 어림도 없다는 뜻이에요.

바리새인 : 당신 도대체 누구예요?

그 림 자 : 당신의 그림자!

바리새인 : 그림자?!

그 림 자 : 그래요.

바리새인 : 내 그림자면 뒤나 졸졸 따라 다닐 것이지 참견은 왜 해요?

그 림 자 : 본래는 당신 마음 속에 있었지요.

바리새인 : 내 마음 속에!?

그 림 자 : 아무리 생각해도 그 녀석 짓일꺼야. 녀석의 웃는 모습만 생각해도 으으 소름끼쳐. 내 몸매를 위 아래로, 위 아래로 훑어 내리는 끈적한 눈길

바리새인 : 쓸데없는 얘기하려거든 썩 나가요.

그 림 자 : 내 얘기 좀 들어봐요. (혼자 흥분하여) 글쎄 그 놈이 나를 유혹 했었어요. 얼마나 구역질이 나던지. 그리고 그 놈은 그 분이 교회를 하나 세우시면 그 옆에다가 술집, 당구장, 여관을 하나씩 차례로 세우는 거예요. 우습지 않아요? 아마 우스울거예요. 1층은 술집, 2층은 당구장, 3층은 여관, 4층은 교회, 그런데 더 우스운 일은 서로 도와 가면서 상부상조하며 잘 어울려 지낸다는 사실이에요. 어때요. 우습지요? 아이고 웃겨라.(혼자 데굴데굴 구 르며 웃는다.)

바리새인 : 어떤 년이 당신을 보냈는지 모르겠지만 난 관심 없어요. 관심 끌려고 이상한 짓거리 하지 말아요(눕는다).

그 림 자 : (화를 내며) 당신은 뇌세포도 영혼도 몽땅 잠 들었군요. 인간의 일생 가운데 3분의 1을 잠자는 걸로 허비한다는데 잠만 자는 게 억울하지도 않아요?

바리새인 : (일어나 앉으며) 딱 3분의 여유를 주겠어요. 그 안에 할

말 있으면 다 해요.

그 림 자 : 에이— 3분이 뭐예요. 쓰는 김에 더 써요. 시간이 뭐그리 아까워서……. 어차피 한 40년 뒤에는 영원히 잠들텐데. 하긴 당신같은 사람은 잠 잘 시간도 없겠다. 하루종일 유황불 위에서 앗! 뜨거, 앗! 뜨거 하면서 똥 마려운 강아지처럼 낑낑댈걸. 이제 관심이 좀 가나요?

바리새인 : 난 기독교인이기 때문에 그런 걱정은 안해도 돼요.

그 림 자 : 착각은 자유라지만 당신이 혼자서 아무리 기독교인이라고 떠들고 다녀도 소용이 없어요. 예수님은 이미 당신 곁을 떠났거든요. 핵 폐기물 같은 환경 속에서 그 분이 사실 수 있겠어요?

바리새인 : 그렇다면 여태까지 말하던 그 분이 예수님이에요?

그 림 자 : 눈치 한번 빠르군요.

바리새인 : 난 신앙경력이 20년이나 되는데요?

그 림 자 : 무슨 대기업에서 간부사원 모집하나? 경력 따지게. 당신 잠실 올림픽 주경기장에 가봤어요?

바리새인 : 네!

그 림 자 : 정말 대단했어요. 세계는 서울로! 서울은 세계로! 정말 멋진 말이에요. 개막식 행사의 화려했던 마스게임. 올림픽 개막식은 보셨겠죠? 물론 봤겠죠? 그걸 안봤다면 지구촌 사람이라 하겠어요? 난 말이죠. 그 중에서도 화합 고놀이가 너무 멋졌어요. 커다란 용의 모습을 상

징하는 두 마리의 고가 붙었다 떨어졌다가 태극 모양을
그리며 용틀임 하는 모습. 그 화합 고놀이를 누가 한
줄 알아요? 물론 모를테지요. 그걸 방위가 했다면 누가
믿겠어요. 나 같애도 안 믿어요. 하지만 방위병이 한 게
사실이에요.

바리새인 : 도대체 무슨 얘기 하는 거예요?

그 림 자 : 아뿔싸! 얘기가 길어지면 꼭 삼천포로 빠진단 말씀이야.
이건 여담이었어요. 복잡한 머리나 식혀 보자는 얘기죠.

바리새인 : 빨리 본론으로 넘어가요!

그 림 자 : 왜 이리 성질이 급하실까. 성질이 급하면 건강에 해롭
다는 말 들어보셨죠? 특별히 당신에게만 알려주는 비
밀인데요. 성질이 급하면 일찍 죽는데요. 이건 저명한
의학박사가 했던 말이예요.

바리새인 : (화가나서 큰 소리로)빨리 본론부터 얘기 하라구요

그 림 자 : 기대하시라 개봉박두!
당신은 1991년 8월 15일부터 17일 사이에 잠실 올림픽
경기장에 갔었지요? 아마 갔을 거예요. 당신은 그 때
예수님을 위해 살겠다고 결심한 사람은 트랙으로 내려
오라는 소릴 듣고 내려 갔었죠. 그게 몇 번째 결단이었
죠?

바리새인 : …….

그 림 자 : 머리 굴리지 말고, 이 순간 만큼은 우리 진지해 봅시다.
내가 경고하겠는데 이번이 그 분의 마지막 선물이라는

것을 기억해야 됩니다.

바리새인 : 한 세 번째였을 거예요.

그 림 자 : 세 번째였을 거예요. 거예요가 뭐예요? 자기 생일날, 결혼 기념일, 첫 키스했던 날, 강아지 새끼 난 날, 곗돈 내는 날짜같은 쓸데없이 중요한 날짜는 기억하면서. 그리고 솔직하지도 못하군요.

바리새인 : 난 신자예요. 신자는 거짓말 못해요.

그 림 자 : 호- 그래요? (가방에서 종이를 꺼내며)거짓 증언해도 소용 없어요. 여기에 다 기록되어 있으니까. 자- 어디 보자.
한 번, 두 번, 세 번, 네 번… 열다섯 번, 열여섯 번, 열일곱 아이고 숨차. 스물, 스물 하나, 스물 둘 햐! 자그만치 스물세 번이네요. 정말 굉장한 경력이에요. 당신의 신앙경력 20년보다 더욱 빛나는 경력이군요.

바리새인 : 그 종이에 적힌 걸 어떻게 믿을 수 있어요. 말도 안돼.

그 림 자 : 발뺌해도 소용 없어요. 이건 비밀인데요. 그 분은 모든 데이타를 갖고 계세요. 완벽한 정보체제, 모사드와 CIA를 능가하는 정보조직, 조기 경보기 왁스, 수만개의 첩보위성 그리고 슈퍼슈퍼 빅 그레이트 컴퓨터까지 구비하고 계시다니까요. 일단 키보드 하나만 누르면 각종 정보자료가 산더미처럼 쏟아지는데 글쎄 악마란 놈도 그 컴퓨터를 갖고 싶어서 얼마나 안달인데요. 하여튼 하나님을 속일려고 꿈도 꾸지 말아요.

바리새인 : 내가 어쩌다 이렇게 됐죠 ?

그 림 자 : 당신도 모르는 사이에 틈틈히 간간히, 서서히 그 분 한테서 멀어진 결과예요. 그 전에는 그래도 곧 회개를 하더니 이젠 만성이 되어 가지곤……
당신 안에 거하시던 그 분이, 당신 삶의 중심이 되어야 할 그 분이, 지금은 당신 언저리만 맴도는 그림자 신세로 전락했다는 사실을 알아야 해요. 시간이 없어요. 어쩌면 그 분이 벌써 오셨는지도 몰라요. (수술용 메스를 꺼내 들고) 자 ! 빨리 수술을 시작합시다. 당신 가슴 속에 숨어있는 그 시커먼 녀석을 끄집어 냅시다.

바리새인 : (당황해서) 시커먼 녀석이라뇨 ?

그 림 자 : 몸의 길이는 5에서 6미터 정도, 몸의 구조는 지극히 간단, 눈, 코, 입, 귀는 없고 오직 생식기관만이 발달되어 있음. 긴 몸은 수백개의 마디들로 이루어져 있으며 각 마디마다마다 정소와 난소만 남아 있고, 온 몸이 생식기관으로 이루어짐

바리새인 : 으앗 ! 촌충 ?

그 림 자 : 내 말은 촌충이라는 게 아니라 촌충보다 더 흉물스럽고 저질 녀석이라는 문학적인 표현 방법이었어요. 자 ! 빨리 수술을 시작합시다 (링거병을 꺼내며) 여기 링거병에 그 분의 보혈을 가득 담아 왔어요. 더러운 피를 깨끗케 하는 만병통치의 피, 인간구원 특효약 보혈의 피 !

바리새인 : (겁먹은 얼굴로) 꼭 수술을 받아야 해요 ? 다른 치료방법은 없어요 ? 부탁해요.

그 림 자 : 다른 치료 방법이 있긴 있어요. 하긴 그 분은 요즘 빈혈이 아주 심해요. 요사이 피를 너무 많이 흘리셨어요. 흑! 흑! 죄많은 인간이 너무 많아서, 죄 짓는 사람들이 너무 많아서, 흑! 흑! 흑! 좋아요. 이 보혈은 당신보다 더 중증 환자에게 수혈하기로 하고 심리요법으로 치료하겠어요.
자! 눈을 감아 보세요. 실눈을 뜨면 안돼요!

바리새인 : 꼭 감았어요.

그 림 자 : 마음을 비워요. 그리고 봄바람처럼 살랑살랑 들려오는 세미한 음성을 들어 보세요. 아주 달콤하고 부드러운 솜사탕 같은 그 분의 세미한 음성을 들어 보세요. (사이) 들리지요?

바리새인 : 잘 안들려요(귀를 막으며) 잡음이 너무 심해요.

그 림 자 : 그 놈이야! 회충, 촌충, 십이지장충, 해삼, 멍게, 말미잘보다도 더 못생긴 그 시커먼 녀석이 또 방해전파를 쏘고 있어!

바리새인 : 그럼 어떻게 해요? 방법이 없나요?

그 림 자 : 걱정 말아요. 난 아주 능력있는 천사예요. 천사학교 졸업 성적이 all A 였거든요. (갑자기 등을 긁는다.) 햐! 난 거짓말 못하겠어. 거짓말만 하면 등이 간지러워 미치겠다니까.
내 등을 긁어 주세요. 빨리요! 그래요. 아- 아니 왼쪽으로 좀더 그 아래로 음- 바로 거기예요. 오- 예 너무 시원하군요. 사실 미술과목이 D학점이었어요. 됐

어요. 그럼 다른 방법을 써야겠어요. 처음 그 분을 만났던 시절을 회상합시다. 어린아이와 같은 순수한 신앙을 찾아내야 해요. 내가 당신의 기억을 돕겠어요. 다시 눈을 감아봐요. 이 편지는 유년부시절, 그러니까 1971년 7월 28일자군요. 아마 여름성경학교 때 썼을거예요. 보내는 어린이 최문정, 받는 분 예수님, 기억이 되살아나요?

바리새인 : 네! 마치 빛 바랜 흑백 영화처럼요.

그 림 자 : 빛이 바래면 좋지 않은데 총 천연 칼러 영화로 돌려 주겠어요. 예수님 안녕! 나는 문정이에요. 이름 참 예쁘지요? 선생님이 그러는데 예수님은 참 좋으신 분이래요. 나는 선생님 말씀 잘 듣는 착한 어린이에요. 그래서 예수님이 참 좋으신 분이라는 걸 믿어요. 저번에 보내주신 곰인형 참 고마워요.
다음에 만나면 뽀뽀해 드릴께요.
다음에 예쁜 머리핀도 보내 주세요. 난 예수님이 참 좋아요. 그럼 안녕! 문정이가. 영 철자법이 엉망이군. 아무리 어린애가 쓴 편지라지만. 뭐 느낌같은 거 없어요?

바리새인 : 필름이 계속 돌아가요. 나이가 차츰 들어서 사춘기 시절 나쁜 친구들과 어울리는 모습, 질투, 증오, 거짓말 하는 모습, 사기치는 모습, 곗돈 띠어먹는 장면… 난 이제 어쩔 수가 없어요! 난 안돼요!

그 림 자 : (얼굴을 때리며)정신 차려요! 정신 차려! 이 나쁜 놈이 농간을 부리는 모양이군. 그렇다면 하나님의 권능으로 얍!

바리새인 : ("펑"소리와 함께 눈을 뜬다.) 난 이제 어떡하면 좋아요? 내가 모르고 지은 죄가 이렇게 많다니 난 틀렸어요.

그 림 자 : 그 분의 권세를 믿어야 해요. 겨자씨 같은 믿음만 있다면 태산도 옮길 수가 있어요. 일단 영혼의 문을 활짝 열어놓는 게 중요해요(가방에서 그림을 꺼낸다.) 그림이 좀 엉망이죠? 내가 아까 말했잖아요. 그림 실력이 형편없다고. 여기 이 분이 예수님이라고 믿으세요.
아무리 예수님 같지 않게 보이더라도 그렇게 믿어야 해요.
예수님이 문 밖에 서 계시지요? 이 문은 당신 마음의 문이에요. 잘 들여다 보세요. 밖에서 문을 열 수 있는 고리가 없지요? 당신 마음의 문은 당신만이 안에서 열 수 있는 거예요. 당신만이 마음의 문을 열 수가 있어요. 자— 다시 눈을 지긋이 감아 보세요. (사이) 무슨 소리가 들리지 않으세요?

바리새인 : (채찍질 소리가 들린다.) 예, 들려요. 채찍질 소리에요. (사이) (망치질 소리) 그리고 망치질 소리도 들려와요.

그 림 자 : 예수님은 당신의 죄 때문에 채찍질 당하시고 십자가에 못 박히셨어요. 그 분은 죄 없는 순결한 어린양이에요. 그런 분을 당신은 자기 이익과 자기 합리화로 조금씩 속이기 시작했어요. 그 때마다 조금씩 그 분과의 거리는 멀어졌어요. (바리새인 양 볼에서 눈물이 흐른다.) 이제 진정하세요. 이제부터가 중요해요. 당신은 너무 나약하기 때문에 언제 또 마음이 변할지 몰라요. 마음의 문은 열었지만 예수님이 다시 오실 때까지 깨어서 준비해야

돼요. 거듭남은 그 분의 선물이에요.

바리새인 : 어떻게 하면 그 분의 선물을 받을 수 있을까요?

그 림 자 : 당신은 이 감방에 들어와서 더욱 난장판으로 만들었어요. 그걸 회복시켜 보세요.

바리새인 : 여긴 마귀 소굴이에요. 전 자신 없어요.

그 림 자 : 또 그 소리! 당신의 기도 소릴 듣고, 아니 당신의 기도는 기도가 아니에요. 그 분이 얼마나 가슴 아파 하셨는지 모를 거예요. 여기 죄수들이 마귀 새끼였다면 당신은 마귀 대장이었어요. 그 사실을 깨닫고 통회하는 마음이 없이는 그리고 세상의 빛과 소금의 역할 없이는 다시는 그 분을 만날 수가 없어요.

바리새인 : 그래도 자신이 없어요.

그 림 자 : 걱정 말아요. 내가 옆에서 지켜 줄테니……. 당신 스스로 홀로서기를 할 수 있을 때까지 당신 마음 속에 그 분이 다시 오실 때까지 내가 도와 주겠어요.

F. O

－제 3 장－

　　죄수들이 무료한 시간을 보내고 있다. 그림자는 바리새인을 보호하듯이 곁에 서 있는 모습이다.

살 인 범 : (다리를 만지며) 아이쿠! 쑤셔라. 이놈의 상처가 덧나가지고…….

절 도 범 : (사기범에게) 아이고 고소해라!

사 기 범 : (맞장구 치며) 저년 쌤통이야.
　　　　　 (이때 "각방 배식 준비"라는 무대밖의 소리가 들린다.)

간 통 범 : 어머! 벌써 점심 시간이네

절 도 범 : 야호! 짬밥 먹을 시간이다.

살 인 범 : 빨리 배식 받을 준비 해!
　　　　　 (각자 식기들을 챙긴다. 식구통이 열리면 콩밥과 장아찌 그리고 희멀건 된장국이 배식된다. 바리새인 식사기도를 한다.)
　　　　　 쟤는 밥그릇 앞에 놓고 제사 지내네? 그 밥그릇 이리

가지고 와. 배고픈 나나 더 먹게.
(정치범이 밥그릇을 살인범에게 가져다 준다. 그림자도 따라 간다.) 국이 왜 이리 짜! 완전히 염전이네.
(밥을 한 숟가락 떠서 입에 넣으려는 순간, 그림자가 옆에서 이상한 손짓을 하자 팔꿈치가 쭉 펴져서 구부러지질 않는다.) 어! 이거 왜 이래.

절 도 범 : 마음을 곱게 써야지. (밥숟갈을 뜨는 순간 역시 팔이 구부지질 않는다.) 나도 팔이 안 구부러져!

사 기 범 : 저년은 사돈 남 말하고 있어! 마음을 곱게 써야지. (밥숟갈을 뜨는 순간 똑같은 경우를 당한다. 다른 죄수들도 마찬가지다. 밥을 먹으려 안간힘을 쓰지만 팔이 구부려지질 않는다. 그림자는 어깨를 으쓱이며 장난스레 웃고는 바리새인에게 다가가 귓속말로 무언가를 이야기한다.)

바리새인 : (고개를 끄덕이며)여러분! 밥 먹고 싶지 않으세요?

죄 수 들 : 그걸 말이라고 해!

바리새인 : 일단 내 몫의 밥은 도로 가져 가겠어요.

살 인 범 : 어쭈! 많이 컸다. 너 죽고 싶어!

바리새인 : 난 이제 당신이 두렵지 않아요. 그리고 내 말대로 하지 않으면 여러분은 굶어 죽을 거예요.

죄 수 들 : 흥! 어림없다 이년아!
(제각기 밥을 먹으려 노력하지만 밥을 먹을 수가 없어 모두들 울상이다.)

바리새인 : 여러분은 서로 도와 주어야지만 밥을 먹을 수가 있어요. 서로 헐뜯고 다투고 미워하는 마음을 버리세요.

정 치 범 : 배고파 죽겠어. 밥 먹게 해 줘!

간 통 범 : 제때 식사 못하면 피부가 거칠어진단 말이야. 니 말 들을께.

바리새인 : 다른 분들은 어떠세요?

사 기 범 : 귀신이 곡할 노릇이네. 우리 좀 봐주라.

절 도 범 : 제기랄!

살 인 범 : 할 수 없군. 하지만 너 나중에 두고보자.

바리새인 : 우린 서로 사랑해야 해요.

죄 수 들 : 흥! 웃기네

바리새인 : 안되겠군요. 아직 배가 덜 고픈가 본대요?

죄 수 들 : 아니야!

바리새인 : 우린 도우면서 살아야 해요. 서로 미워하는 감정을 버리세요. 밥 먹는 방법은 아주 간단합니다. 두 명씩 짝을 지어서 서로 먹여주면 되잖아요.

죄 수 들 : 아! 그렇구나.
(서로 째려보며 먹여주기 시작한다.)

살 인 범 : (절도범에게)니가 이뻐서 밥 먹여 주는 거 아니야.

절 도 범 : 이하동문!

사 기 범 : 이년아! 입 좀 크게 벌려.

간 통 범 : 기집애야 내가 두 숟갈 떠줄 때 너는 한 숟갈 밖에는 안주니.
(서로 투덜대며 식사를 마치니 거짓말처럼 팔이 정상으로 돌아온다.)

정 치 범 : 희한한 일이네.

절 도 범 : 이 팔이 밥줄인데 큰일 날뻔 했네.

살 인 범 : (일어나려다 다리를 감싸며) 아이고 다리야! 절도범, 저년 혼내줘라. 저년이 농간을 부린 게 틀림없어!

절 도 범 : 알았어! 너 이년 따끔한 맛을 보여주마. (일어나서 바리새인에게 달려들지만 그림자가 발을 건다.) 아이쿠! 아이고 아파라. (정치범을 노려보며) 네가 발 걸었지?

정 치 범 : 생사람 잡지 말아요. 내가 아니라(간통범을 손가락질 한다.)

절 도 범 : 너야?

간 통 범 : 뭐가요?

절 도 범 : 너가 날 넘어뜨렸지?

간 통 범 : 흥! 별꼴이 반쪽이야.

절 도 범 : 이상하네. (다시 바리새인에게 다가선다. 또 넘어진다.) 아이쿠! 정말 귀신이 통곡할 노릇이군. 돌부리도 없는

데.(할 수 없다는듯 툭 툭 털고 일어나서) 너 오늘 재수 좋은 줄 알아! 다음에 걸리면 국물도 없어!
(감방에 정적이 흐른다. 무료한 시간들. 바리새인 성경책을 읽는다.)

살 인 범 : 누구 강아지 가진 사람 없어? 식후연초 해야 불로장생인데.

사 기 범 : 나도 땡기네

절 도 범 : 나한테 있어. 내가 누구야. 슬쩍 하는 게 내 주특기 아니겠어. 어제 사역 나갔다가 하나 슬쩍 했지. (모두 절도범 주위로 몰려들어 입맛을 다신다.)

간 통 범 : 어머! 자기 나 한 모금만 주라.

절 도 범 : 얘가 징그럽게 왜이래! 공짜가 어딨어. 한 모금에 천원씩 내.

사 기 범 : 여기 오리지널 사기꾼 있네.

절 도 범 : 싫어? 싫으면 관둬.

사 기 범 : 너 불 있어? 담배만 있으면 뭐하냐. 불 없는 담배는 고무줄 없는 팬티지. 내가 불 만드는 기술자인 거 몰라?

절 도 범 : 좋아! 너는 공짜야. 대신 딱 두 모금이다.

살 인 범 : 너 죽고 싶어?

절 도 범 : 그럼 너도 공짜. 나머지는 돈 내야 돼!

간 통 범 : 치사한 기집애.

절 도 범 : 꺼우면 너도 훔쳐. 정치범, 너는 망봐!

정 치 범 : 그 대신 나도 공짜!

절 도 범 : 순 도둑년들이야. 간통범, 너는 냄새 안나게 물뿌릴 준비해.

간 통 범 : 세상에 공짜가 어딨어! 나도 공짜!

절 도 범 : 이거 완전히 도둑년 소굴이네!

죄 수 들 : 이제 알았니 이 도둑년아!

절 도 범 : 예수쟁이 넌 생각없냐? 생각 있으면 한 모금에 천원만 내!

바리새인 : 끊었어요. 마음의 성전을 깨끗하게 해야 해요.

절 도 범 : 성녀 났군!

사 기 범 : 놔둬 저년 몇일 못가. 괜히 폼 한번 잡아보는 거지. (베개에서 솜을 조금 뜯고 나무 막대기를 꺼낸다.) 어디 불을 지펴볼까. 정치범, 땅 잘봐. 담배 피우다 걸리면 우리 모두 (목에다 손을 대며) 끽—이야. (솜을 바닥에다 깔고 막대기를 그 위에다 세우고 비빈다. 마찰이 생기자 불씨가 일어난다.) 빨리 담뱃불 붙여! (담뱃불을 붙이려는 순간에 그림자가 방해한다.)

절 도 범 : 똑바로 해! 자꾸 꺼지잖아.
(여러 차례 시도해 보지만 그때마다 그림자가 꺼 버린다.) 영 오늘 이상하네.

살 인 범 : 제대로 되는 게 하나도 없군.

간 통 범 : 그림에 떡이야. 불이 붙어야 피우든지 말든지 하지. 남자 생각날 때는 그저 담배가 최곤데.

사 기 범 : 저년은 밤낮 남자타령이야.

정 치 범 : 어휴-
　　　　　(또 정적이 흐르며 무료한 시간이 흐른다.)

사 기 범 : 야-! 우리 이러지 말고 아쌀하게 한판 놀아보자.

절 도 범 : 오락회를 하는거야.

간 통 범 : 어머! 멋진 생각이야

죄 수 들 : 좋았어!

사 기 범 : (일어서며)그럼 지금부터 제17호 감방 오락회를 개최하겠습니다.

절 도 범 : 정치범! 와르바시 갖고 와 마이크 만들게.

사 기 범 : 이년아 일본말 쓰지마 야마돌게 (웃음) (젓가락에 양말을 동그랗게 끼워 마이크 대용으로 사용한다) 아! 아! 마이크 시험!

살 인 범 : 사회자부터 한 곡조 뽑아.

절 도 범 : 그래 테이프 끊어!

사 기 범 : 여러분의 열화와 같은 성원에 힘 입어서 제17호 감방의 명 카수가 노래 한곡 부르겠습니다.(유행하는 뽕작을

　　　　　　　멋드러지게 부른다.)

죄 수 들 : 앵콜! 앵콜!

사 기 범 : 그럼 이번에는 끈적끈적한 블루스 곡으로.(블루스 곡을 부른다)

절 도 범 : 사모님 한 곡조 땡기실까요?

간 통 범 : 홍! 저는 미스예요.

절 도 범 : 아- 실례했습니다. 아가씨 스테이지로 모시겠습니다. 나가시죠!

간 통 범 : 좋아요.(절도범과 간통범 곡에 맞추어 춤을 춘다.)

사 기 범 : 이번에는 누굴 시키지? (둘러 보다가 성경책을 읽고 있는 바리새인에게) 예수쟁이 한 곡조 뽑아라.

살 인 범 : 예수쟁이들은 노래 잘한다며?

정 치 범 : 찬송가를 많이 부르니깐.

바리새인 : 좋아요. 대신에 찬송가를 부르겠어요.

사 기 범 : 그래! 우리도 거룩한 노래 한번 들어보자.
　　　　　　(찬송가 소리, 그림자의 화음, 천사와의 이중창. 모두 빨려든다. 죄수들 표정이 평화스러워진다. 찬송이 끝나자 모두들 박수를 친다.)

간 통 범 : 너무 아름다워!

절 도 범 : 마음이 아주 편안했어!

사 기 범 : 순결한 느낌이었어.

정 치 범 : 천사의 소리였어!

살 인 범 : (눈물을 찔끔이며)음! 음!

바리새인 : 귀 있는 사람은 들으세요. 지진처럼 강한 바람처럼 큰 소리로 외치는 소리가 아니예요. 들릴까 말까하는 소리로 말씀하시는 세미한 음성을 들어 보세요. 마음을 진정하고 고요함 가운데 들리는 세미한 음성에 귀를 기울여야 해요. 그 음성은 사랑의 소리예요. 이제 그만 미워하고 싸우지 말고 서로 사랑해야 한다는 사랑의 소리예요. 둘째는 위로의 소리예요. 엘리야는 이 소릴 듣고 일어났어요. 생명의 소리였어요. 숨어 있었던 자신이 부끄러워 겉옷을 벗어 얼굴을 가렸습니다. 죄인임을 깨달았던 거예요. 우리도 움츠리고 벽을 쌓는 것이 아니라 위로의 소릴 듣고 일어나야 합니다.
마지막으로 새로 출발하라는 격려의 소리를 들어보세요. 오늘의 죄악된 현실 속에서 주저앉지 말고 새로이 출발하라는 하나님의 세미한 음성을 들어보세요.

죄 수 들 : (저마다)뭔가 들려, 아주 부드러운 음성이야. 가슴이 찡해

절 도 범 : 난 강도인데…

바리새인 : 예수님은 한 강도에게 너는 오늘 나와 함께 낙원에 있으리라 하셨어요.

간 통 범 : 난 부정한 여자예요.

바리새인 : 예수님은 창녀 마리아를 얼마나 사랑하셨는데요.

살 인 범 : (인상을 찌푸리며)다 소용없어 난 살인자야! 아이쿠!
다리야 계속 쑤시네

바리새인 : 어디 상처 좀 봐요.

살 인 범 : 상관 하지마!

바리새인 : 괜찮아요.(바지를 걷어올린다)어머! 이 고름 좀 봐요.
이렇게 큰 고름집이 잡힐 동안 뭐 했어요? 의무실에
가서 치료받지 않고요.

살 인 범 : 가면 뭘해! 흉악범이라고 찬밥 신세인데…….

사 기 범 : 그건 그래. 배 아파도 검정 소화제, 머리 아파도 검정
소화제만 주는 걸.

절 도 범 : 우린 인간 대접도 못 받아.

간 통 범 : 자꾸 그러지 마. 우리가 너무 서글퍼 져.

정 치 범 : 이런 고름집은 입으로 빨아내고 나한테 연고가 있으니까
그걸 바르면 나을 것 같은데…….

바리새인 : 그거 좋은 생각이예요.

살 인 범 : 놔둬! 썩어 문드러지던 말던 너희 도움 받고 싶지 않아.

절 도 범 : 사기범 너가 해볼래?

사 기 범 : (눈살을 찌푸리며)난 못해.
비위가 약해서… 너가 해 보시지?

절 도 범 : 나도 비위가 약해나서… 간통범 네가 해봐?

간 통 범 : 어머! 징그럽게. 그렇게 해서 낫는다는 보장도 없고…….

정 치 범 : 안 나으면 할 수 없지만 일단 시도는 해 봐야지요.

간 통 범 : 그렇게 하고 싶으면 니가 해 봐라 얘!
(정치범 고개를 돌려 외면한다. 침묵. 이때 그림자가 바리새인을 쿡 찌르며)

그 림 자 : 실천이 없는 사랑은 울리는 꽹과리에 지나지 않아요. 자! 지금이 기회예요. 당신의 거듭나는 모습을 보여 줄 때예요. 용기를 내세요. 그 분이 무척 기뻐하실 거에요.

바리새인 : (큰 숨을 몰아 쉬고)내가 하겠어요!

살 인 범 : 예수쟁이에게 빚지고 싶지 않아!

바리새인 : 빚 같은 건 갚지 않아도 돼요. 나는 단지 당신의 이웃이 되고 싶을 뿐이에요. 여러분 여기에다 종이를 깔아 주세요. 환자는 이리로 앉으시고요. (고름을 빨아낼 준비를 하고 기도를 한다.)
주님! 이 자매의 상처를 낫게 해 주세요.
(고름집에 입을 꽉 대고는 쭈욱 빤다. 고름이 주루룩 빨려 나온다. 구역질을 억지로 참으며 계속 빨아서 뱉어낸다. 죄수들 얼굴을 찡그린 채 바라본다. 생각보다 많은 양의 고름이 나온다. 고름을 다 빨아 낸 후에 물로 입을 가시고 상처에 연고를 정성껏 발라준다.)

살 인 범 : (눈물을 흘리며)정말 고마와요. 내 생전에 이런 사랑을

　　　　　　받아 보긴 처음이에요. 정말 뭐라고 감사해야 할지…….

바리새인 : 아니예요. 제 힘으로 한 게 아니예요. 내 마음 속에 계신 그 분이 그렇게 하라고 명령하셨어요. 육신이 병든 곳엔 약을 바르면 되지만 영혼이 병들면 치료할 약이 없어요. 특효약이라고는 오직 예수님을 영접하는 방법밖에는 없어요. 주제넘는 소리해서 미안해요.

살 인 범 : 아니예요. 예수님이 당신의 주인이라면 나 한번 믿어볼래요. 그 동안 얼마나 외롭고 쓸쓸했는지 아무도 모를 거예요. 예수님을 믿어 보겠어요.

절 도 범 : 나도!

사 기 범 : 나도!

간 통 범 : 나도!

정 치 범 : 종교의 선택은 자유이므로 난 정치적 중립이에요.

죄 수 들 : 지랄하네!

정 치 범 : (웃으며)사실은 나도 예수님이 좋아졌어요.
　　　　　(모두 밝게 웃는다. 그림자 바리새인에게 뭐라고 귓속말로 속삭인다.)

바리새인 : (기쁜 표정으로)여러분!
　　　　　기쁜 소식을 전하겠어요. 예수님이 바로 우리 옆 감방에 오셨대요.

죄 수 들 : 그럴리가…….

바리새인 : 예수님은 병든 사람, 가난한 사람, 외로운 사람들의 친구
되시길 좋아 하세요. 의심하지 말고 우리 옆 감방에 귀를
기울여 봐요.
(모두 벽으로 몰려가 귀를 기울인다.) 마음의 문을 활짝
열고 고요한 가운데 흐르는 세미한 음성을 들어보세
요.
("너는 내것이라"는 제목의 가스펠이 고요히 흐른다.)
(모두들 기뻐서 어쩔줄 모른다. 그림지기 덩실덩실 춤을
춘다.)

절 도 범 : 부유해도 가난해도

사 기 범 : 현명해도 미련해도

간 통 범 : 잘났어도 못났어도

정 치 범 : 강하여도 약하여도

살 인 범 : 의로워도 악하여도

바리새인 : 사랑하여 구원하신대요! 우리는 예수님의 것이래요.

　음악이 흐르며 서서히 막이 내린다.

극단연혁

연대	단 장	사 업
90	정병호	• 브니엘 명칭 아래 성극을 통한 선교 비전 위에 창단 • 데뷔공연 – 성청인대회／"내일 할래요"(영등포 성결교회) • 성청서울남지련 선교하루방 찬조／"하늘을 그리는 화가" • 제1회 정기공연 – JESUS FESTIVAL(부제 : 십·부·사·회)(성결회관) • '90 성극 FESTIVAL 참가(크리스찬 신문)／"버리시나이까"(기독교백주년 기념관)
91	정병호	• 선교무대 "밀알"의 제31회 정기공연참가／"율보"(한마당 예술극장) • 성청인대회 찬조／"세상을 변화시키자"(만리현교회) • WORKSHOP 공연／"길손", "할렐루야 목사님"(서부성결교회) • 주택은행 신우회 찬조 공연／"세상을 변화시키자"(주택은행 여의도 본점)
92	정병호	• 성청서울남지련 신년금식기도회 공연／"승리의 십자가" • 제2회 정기공연／"시나브로"(한마당 예술극장) • 성대림감리교회 찬조공연／"시나브로" • 브니엘 후원 가족초청 공연(사랑의 전화 소극장)
93	공은자	• 연희교회 찬조공연／"율보" • 평택제일감리교회 찬조공연／"내일 할래요" • 번동교회 찬조공연／"세상을 변화시키자"

연대	단장	사 업

94	공은자	• 성청서울남지련 성청인대회공연/"내일 할래요"(신촌성결교회)
		• 장애인돕기 자선공연/"크고 아름다운 세상"(기독교 백주년 기념관)
		• 제15회 밀알의 밤(한국 밀알선교단)/"사람일기"
		  －서울 충현교회 2회 공연
		  －부여 중앙교회 1회 공연
		  －우암교회 1회 공연

95	공은자	• 강원도 횡성 감리교회 공연/"빈 방 있습니까?" • 성청 서울남지련 성청인대회 공연/"빈 방 있습니까?"(서초성결교회) • 청파교회 창조.공연/"빈 방 있습니까?"
96	공은자	• 성청전국연합회 신년금식성회 공연/"시나브로"(충주 기도원) • 제3회 WORKSHOP 공연/"시나브로"(사랑의 전화) • 진일장로교회 찬조공연/"시나브로" • 남현성결교회 찬조공연/"시나브로" • 서울신학대학 신학대학원 수련회 찬조공연/"시나브로"(강화도 신덕기도원) • 마루투스 선교단 "사랑나눔 가스펠 콘서트" 찬조공연/"시나브로"(장안교회)
98	공은자	• 성청서울남지련 성청인대회/"겨울냄새"(수정성결교회) • 서부교회 찬조공연/"붉은 창" • 신일교회 찬조공연/"붉은 창" • 정기공연－"붉은 창"(사랑의 전화 소극장)

＊ 위 공연은 주요 공연만 표시했습니다.

*
브니엘과 힘께 하는 성극여행
*
초판 1 쇄 — 1998년 10월 31일

*
지은이 — 정 병 호
펴낸이 — 이 규 종
펴낸곳 — 엘맨출판사
*
서울시 마포구 합정동 433 — 62
출판등록 — 제10-1562호 1998. 3. 19.
*
TEL — (02) 323 — 6416
FAX — (02) 322 — 4477
*
잘못된 책은 바꾸어 드립니다.
*
값 6,000원

"쓸만한 성극집을 원하십니까?"

가롯사람 유다의 증언
주일학교 어린이들이 손쉽게 공연할 수 있도록 꾸며진 성극집. 연출자를 위한 지침이 각 작품마다 수록되어 있어 더 큰 효과를 얻을 수 있다.
(김창수 지음／312면／5,500원)

우리의 세상
주일학교에서 청년회에 이르기까지 연령층에 알맞은 성극 대본 10편을 모아 엮었다. 문학의 밤이나 절기때 손쉽게 이용할 수 있다.
(노기호 지음／270면／5,000원)

베들레헴의 아이들
현직교사인 김효진씨의 성극집. 꼼꼼히 연출메모까지 실었기 때문에 활용하기 쉽다.
(김효진 지음／267면／5,500원)

크리스천의 모습
탄탄한 구성과 복음의 메시지가 결합된 성극 7편을 모아 엮었다. 기독교 문화의 부흥을 꿈꾸는 젊은이들의 지침서가 될 것이다.
(현동명 지음／208면／5,000원)

교회극 특선
부활절, 어린이주일, 가정주일, 추수감사절, 문학의 밤, 성탄절 등 교회 절기 행사에 활용할 수 있도록 모아 놓았다.
(김효진・노기호・김창수・김수진 지음／360면／6,500원)

"교회에서 사용하신 프로그램
(설교, 예화, 성극, 꽁트 등)이나
상담·성장에 관한 자료, 혹은
에피소드가 있으시면
저희에게 보내주십시오.
원고분량은 제한이 없으며
함께 은혜를 나눌 수 있는 것이면
무엇이든 환영합니다."

⋮

＊보내실 곳은＊

⋮

121-210
서울특별시 마포구 합정동 433-62
〈엘맨출판사〉 편집부 앞